미국의 총기 문화

차례
Contents

프롤로그

    미국에서는 역사상 수많은 암살 사건이 발생하였다. 링컨 대통령, 케네디 대통령, 마틴 루터 킹 목사가 암살자의 총탄에 쓰러졌으며, 레이건 대통령도 큰 부상을 당한 적이 있다. 전설적인 록 그룹 비틀즈의 존 레논도 뉴욕에서 총기의 희생자가 되었다. 미국의 제44대 대통령으로 당선된 버락 오바마도 극우 테러분자들의 암살 위협에 시달리고 있는 상황이다.

    요인 암살뿐만 아니라, 미국에서는 중·고등학교나 대학가, 심지어 초등학교에서도 충격적인 총기 사건이 자주 발생한다. 백주 대낮에도 총을 든 범인과 경찰의 총격전이 벌어지는 나라가 바로 미국이다. 총을 든 범인과 대적하기 위하여 경찰도 완전 무장한 상태로 출동한다.

미국에서는 총기 등록을 의무화하지 않는다. 따라서 총기의 수와 총기 소유자가 누구인지를 정확히 파악하기가 어렵다. 미연방수사국(FBI)에 따르면 현재 민간인이 소유한 총기의 수는 2억 7,000만 정에 이르고 있으며, 해마다 약 500만 정이 증가하는 것으로 나타났다.[1] 미국인 1인당 거의 1정의 총기를 소유한 셈이다. 세계 어디에도 민간인들이 그렇게 많은 총기를 소유한 국가는 없다. 그렇다보니 미국에서는 총기 사고로 매일 80명씩, 연간 3만 명이 목숨을 잃는다.

미국을 '총기가 지배하는 국가(gunocracy)'라 칭할 만큼 총기는 미국인들의 독특한 역사와 문화 속에 뿌리를 내리고 있다. 미국인들에게 화약 냄새는 집과 가족 냄새처럼 친근하다. 집 안 벽난로 위나 장식장에 총기를 자랑스럽게 전시해 놓고, 어려서부터 자녀들에게 총 쏘는 법을 가르친다. 총이 미국의 생활양식이며 문화의 한 형태로 자리 잡고 있는 것이다.

우리는 미국에서 총을 쉽게 구입하고, 휴대할 수 있다는 사실은 잘 알고 있다. 그러나 언제부터, 왜, 어떤 근거로 총기를 소유하고 휴대할 수 있는지, 그리고 연이은 총기 난동 사건에도 불구하고 총기에 대한 실질적인 규제가 이루어지지 못하는 이유를 아는 사람은 그리 많지가 않다. 이 저서는 이에 대한 대답을 제시하고자 한다.

이 저서는 크게 3부분으로 나누어진다. 제1부는 미국에서 벌어지고 있는 총기 관련 범죄와 캠퍼스 난동 사건, 제2부는 미국에서 총기 문화가 뿌리를 내리게 된 역사·문화적인 배경을 살펴보았다. 그리고 제3부에서는 연이어 발생하는 충격적인 총기 사건에도 불구하고 미국에서 총기 규제가 어려운 이유를 다각도로 분석하였다. 이를 통해 총기 문화가 '미국의 예외적인 특성'으로 자리를 잡게 된 과정을 파악할 수 있을 것이며, 더 나아가 미국인들의 생활양식과 가치관을 이해할 수 있을 것이다.

비극은 총구로부터

술보다 총을 사기가 더 쉬운 나라

미국에서 총기 사고와 총기 관련 범죄가 끊이지 않는 이유는 무엇일까? 답은 간단하다. 언제 어디서든 총을 쉽게 구입하고, 소지할 수 있기 때문이다. 미국에서는 21세 미만의 미성년자가 술을 사거나 이들에게 술을 파는 행위가 모두 법으로 금지되어 있다. 그런데도 사냥할 때 주로 사용하는 장총은 18세가 되면 누구나 살 수 있다. 권총의 경우는 장총보다 규제가 조금 더 까다롭다. 총기 범죄의 대부분이 권총으로 이루어지기 때문이다. 그러나 이것도 21세가 되면 간단한 신원 조회를 거쳐 누구나 구입할 수 있다. 중범죄 전과자나 정신 이상자,

마약 중독자와 같은 기록만 나오지 않는다면 말이다.

혼히 미국을 '술보다 총이 더 사기 쉬운 나라'라고 일컫는다. 슈퍼마켓에서 과일을 사듯이 손쉽게 총을 구입할 수 있다. 현재 미국에는 합법적인 면허를 받은 총기 취급상이 약 15만 명에 이르고 있다. 서점이나 학교보다도 총을 파는 상점의 수가 더 많은 실정이다.

미국에서도 총기 구입이 비교적 까다롭다는 곳이 캘리포니아이다. 그런데도 이곳의 월마트나 K-마트와 같은 대형 상점에는 사냥용 장총에서부터 호신용 권총에 이르기까지 다양한 총들이 진열되어 있다. 더구나 총기가 진열된 판매장은 어린이들을 위한 장남감이나 낚시나 등산 등 레저 용품 파는 곳에 바로 붙어 있는 경우가 많다. 심지어는 TV 홈쇼핑이나 인터넷 판매를 통해서도 원하는 총기를 손쉽게 구입할 수 있다.

2007년 최악의 총기 참사가 발생한 버지니아 공과대학이 위치한 버지니아 주는 다른 어떤 주보다도 총기 규제가 느슨하다. 이곳에서는 총기 구입자에 대한 신고·허가·자격증 제도가 없기 때문이다. 실제로 버지니아에서 총을 구입하는 것이 얼마나 쉬운지, 「뉴욕타임스」 기자가 이곳에서 신분증만 제출하고 간단히 반자동 권총을 구입할 수 있었다. 이것은 총기 규제 법안이 얼마나 형식적으로 운영되고 있는가를 보여 주는 것이다. 뉴욕이나 워싱턴 D.C. 등 몇몇 도시들은 비교적 까다로운 규제를 실시하고 있으나, 이곳에서도 빠져나갈 구멍은 얼마든지 있다.

총을 쉽게 살 수 있다 보니 총을 보유하는 가정도 늘고 있다. 미국 가정의 거의 절반이 집에 총 한 자루씩은 소지하고 있다. 그리고 언제든지 사용할 수 있도록 총알까지 장전해 두고 있다. 이런 상황에서 총기 사고는 이미 예측된 것이나 다름없다. 유난히 총을 좋아하는 미국인들은 거액을 들여 총을 수집하기도 한다. 특히 '서부를 평정한 총'이라는 이름을 얻은 1873년 모델 윈체스터(Winchester '73)의 경우 요즘 시가로 100만 달러를 호가한다.

많은 미국인들은 총이 자신은 물론 가정의 안전을 위해 필요하다고 믿으며, 사냥이나 사격 등 취미 생활을 즐기고 있다. 총을 일상적인 생활 도구로 여기기 때문에, 어렸을 때부터 총을 다룰 수 있도록 교육하는 가정이 많다. 한적한 교외에 사는 사람들은 집 정원에서, 도시인들은 사격장에서 주기적으로 사격을 즐긴다.

끊이지 않는 강력 범죄

연령 자격만 갖추면 누구나 총을 소지할 수 있는 미국 사회에서 총기는 엄청난 파괴력을 가진 폭력의 도구로 사용된다. 특히 도시 슬럼가나 유색인종(흑인이나 히스패닉) 밀집 거주지의 치안 상태는 거의 최악이다. 우리 교민들이 가장 많이 거주하고 있는 LA 지역만 하더라도 1년에 10여 명씩 총기에 의한 범죄로 목숨을 잃는다. 1992년 LA 폭동 당시 한인 상가들이 밀

집해 있는 LA 한인 타운이 흑인과 히스패닉 사람들에 의해 약탈과 방화로 아수라장이 되기도 하였다.

도시 슬럼가에서 주류 판매나 잡화점 등 자영업을 하는 사람들은 느닷없이 총을 든 범인이 들이닥칠까 잠시도 긴장을 늦추지 못한다. 워낙 총이 흔하고 총기 범죄가 일상화된 곳이기 때문이다. 가게 안팎에 감시 카메라를 설치하고 '비디오 녹화 중'이라는 경고문까지 붙여 놓는다. 이런 가게들은 총기 범죄를 예방하기 위하여 계산대 앞면은 유리 방어막을 설치해 놓고 있다. 특히 주류 판매점은 주로 현찰이 오가기 때문에 긴장을 더 할 수밖에 없다.

총기 소유가 자유롭다 보니, 자연히 총을 이용한 강력 범죄가 끊이지 않는다. 20초마다 1명이 사망 또는 부상하고, 6시간마다 13세 이하의 어린이 1명이 숨지고, 52시간마다 경찰관 1명이 희생되는 나라가 미국이다. 사정이 이렇다 보니 미국 경찰들의 사격 기술은 필수이다. 경찰들은 일 년에 수차례씩 정기적으로 사격 테스트를 받아야 한다. 물론 합격 점수에 이르지 못하면 감봉 등 상응하는 대가를 치러야 한다. 총기 범죄가 흔한 미국에서 사격 기술은 범인 체포는 물론, 경찰관 자신의 생명과도 직결되기 때문이다.

미국 경찰들이 범인을 대하는 태도와 방법은 우리 경찰과는 사뭇 다르다. TV에서 자주 보듯이, 경찰이 범죄 현장에 투입되거나 용의 차량을 검색할 때, 상대방이 반드시 총을 가지고 있다는 가정하에서 접근한다. 경찰은 총을 장전한 채 운전자에 조심스럽게 접근한 후, 운전자가 먼저 총을 쏘지 못하도록 손을 들고 밖으로 나오도록 한다. 그리고 나오는 즉시 바닥이나 벽에 엎드리게 하여 현장에서 총기 소유의 여부를 확인한다. 용의자가 지시에 불응하거나 조금만 이상한 행동을 취하면 즉시 대응한다. 공포탄이 아닌 실탄을 발사해도 문제가 안 된다. 정당방위인 셈이다. 특히 총기 범죄가 발생한 현장에는 완전 무장한 경찰 특공대가 출동한다. 9·11 테러 이후 특공대의 훈련은 더 강화되고, 진압 장비도 크게 보강되었다.

총기 사고로 인한 경제적 손실도 엄청나다. 2002년 방영된 MAC 스페셜 <미국을 말한다>에 따르면 미국에서 매년 총 때문에 치르는 사회적 비용이 1,300억 달러(160조 원)에 달한다. 이것은 우리나라 전체 국가 예산보다도 많은 액수다. 총기 사고에 따른 의료비와 보안 장치, 금속 탐지기 등에 소요되는 비용이다. 총기 사고로 인한 희생자나 가족들이 겪는 정신적인 피해는 제쳐 두고 말이다. 물론 이런 비용의 대부분은 국민의 세금으로 충당된다. 그런데도 여전히 미국인들의 절대 다수(약 75퍼센트 정도)가 여전히 국가가 개인의 총기 소유를 금지하는 것에 대하여 부정적인 입장을 보이고 있다.

헤이트 크라임과 스킨헤드

미국에서 발생하는 대형 총기 사건의 범인들이 주로 흑인이나 유색인종일 거라고 예상하기가 쉽다. 그러나 최근 발생한 총기 사건은 대개 극우 백인 보수주의자들이나 백인 청소년들이 일으킨다. 이들은 의도적으로 유색인종을 대상으로 인종차별적인 범죄를 저지른다.

소수민족, 특히 동양계 이민자들에게 "Go back to your country!(너희 나라로 돌아가라!)"를 외치고, 총으로 위협하거나 돌을 던지는 등의 소위 '헤이트 크라임(hate crime)'이 도처에서 발생하고 있다. 아무런 일면식(一面識)이나 개인적인 감정도 없으면서 단지 외국인이라는 이유만으로 미워하고 증오하는 이런 차별적인 행위에서 1920년대 미국에서 극성을 부렸던 KKK단이 다시 부활한 느낌을 지울 수 없다.

대표적인 예가 '스킨헤드(skinheads)'이다. 이것은 1980년대 말 영국에서 유입된 반유색인, 백인 우월주의 세력으로 극우파 운동의 중심이 되었다. 스킨헤드는 빡빡 깎은 머리, 팔 문신, 신나치 표식, 강철로 치장된 장화로 상징되는 독특한 모습의 비밀 결사단체이다. 이들은 대부분 가난한 노동계급의 백인 청년들로 구성되어 있다. 교육을 제대로 받지 못하고 일자리도 얻지 못한 경우가 많아 자연히 반사회적이며 폭력적이다. 이들은 소속 집단에 충성하고 조직의 지시나 규율에 따라 행동하는 강한 공동체적 유대감을 형성하고 있다.

이들은 극도의 인종차별주의로 미국에서 유색인종은 모두 쓸어 버려야 한다는 신념을 갖고 있다. 미국 고등학교나 대학가에서 일어나는 총기 난동 사건도 그 배후엔 스킨헤드와 같은 조직이 버티고 있는 경우가 상당히 많다. 이들에 의해 특정

개인에 대한 원한은 없지만, 무작위로 희생자를 고르는 소위 '랜덤 초이스(random choice)'에 의해 범죄나 살인이 심심찮게 저질러지고 있다. 길을 걷다가도 비위에 거슬리는 유색인종을 만나면 '랜덤'으로 살인을 저지르고, 마치 전공이나 세운 듯 자랑을 한다는 것이다.

총기 쇼와 총기 세일

미국의 대도시는 물론 웬만한 중소 도시까지도 1년에 수차례 총기를 전시하는 '총기 쇼(gun show)'가 열린다. 이것은 주로 도시의 대형 매점에서 열리는데, 특별한 장식이나 화려한 이벤트와 같은 행사는 거의 찾아볼 수 없다. 그저 대형 매장의 탁자에 다양한 총기가 전시되어 있다. 전시장은 총을 구경하려는 사람들로 장사진을 이룬다. 가족과 함께 매장을 찾는 사람들도 상당수에 이른다.

환락의 도시 라스베이거스에서도 1년에 3회 정도 정기적으로 전시회가 열린다. 여기서는 사냥용 장총에서부터 호신용으로 찾는 최신 모델의 권총까지 약 2만 5,000여 점이 전시되고 있다. 사람들은 판매대 곳곳을 다니면서 슈퍼에서 식료품을 고르듯 자기가 원하는 총을 구입한다. 매장에서는 심지어 군대에서나 볼 수 있는 자동소총이나 최첨단 중화기까지 전시되고, 또 팔려 나가고 있다.

미국인들이 총기 전시장을 자주 찾는 가장 큰 이유는 다양

총기류의 판매 촉진을 위한 총기 쇼의 한 장면.

한 중고 총을 값싸게 구입할 수 있기 때문이다. 전시장에는 '현찰 매입'이란 문구가 적힌 판매대가 곳곳에 눈에 띈다. 총을 사고파는 사람들 간의 개인 거래도 활발하다. 중고 총의 가장 큰 매력은 저렴한 값이다. 소형 권총은 500달러, 우리 돈으로 60~70만 원 정도면 구입할 수 있다. 10~20만 원이면 구입할 수 있는 권총들도 수두룩하다. 문제는 이런 중고 총의 대부분은 출처가 확인하기 어려운 불법 총기일 가능성이 높다는 것이다.

총기 쇼에는 총기 기술자가 단골로 나타난다. 총기 기술자들에게 반자동 소총을 전자동 소총으로 개조하는 것은 식은 죽 먹기다. 이런 과정을 통해 불법으로 제작되거나 개조된 총들이 암암리에 거래되는 것을 막을 방법은 거의 없다. 실제로 미국은 불법으로 유통되고 있는 총기 때문에 몸살을 앓고 있다. 대부분의 불법 총기들이 정상적으로 총을 구입할 수 없는 청소년이나 범죄 집단으로 흘러들어가기 때문이다.

불법 총기는 총기 시장 말고도 도시 슬럼가나 길거리에서 공공연히 거래가 이루어지고 있다. 공식적인 유통 경로 외에 개인 간 불법으로 이루어지는 총기 거래의 규모는 전체 총기 거래량의 40퍼센트 정도로 추산되고 있다. 공식적으로 미국인들이 소유하고 있는 총은 군대와 경찰을 제외하고 2억 3,000만 정으로 추산되고 있다. 여기에 불법으로 거래된 출처 불명의 총을 합친다면, 어린아이까지를 포함한 전체 미국인들을 무장시키기도 남을 정도로 총기의 수는 엄청날 것으로 보인다.

캠퍼스에서의 총기 난동 사건

누가 4월을 잔인한 달이라 했던가? 1999년 4월, 미국 콜로라도 주 콜럼바인 고등학교에서 총기 난동 사건이 발생하였다. 교내에 사제 폭탄이 터지고 교사들과 학생들이 그 소리에 놀라 아우성치고 있을 때, 두 명의 학생이 눈앞에서 움직이는 모든 사람들에게 무차별 사격을 가하였다. 범인들은 교실과 교실을 오가며 자신들을 평소에 무시하고 깔본 모든 학생들에게 총을 난사하였다. 왕따를 당한 데 대한 분풀이요, 보복이었다. 결국 13명(12명의 학생과 1명의 교사)이 목숨을 잃고, 24명의 부상자가 발생하였다. 총기를 난사했던 18세 범인 두 명은 스스로 목숨을 끊었다.

사건에 사용된 총은 모두 4정인데, 그중 3정은 범인인 에릭 해리스가 18세가 되자마자 K-마트에서 합법적으로 구입하였다. 나머지 1정은 21세가 되어야 살 수 있는 반자동 소총인데,

사건 몇 개월 뒤 경찰은 같은 동네에 사는 22세 미크 메인이라는 사람이 범인에게 500달러에 이 총을 팔았음이 밝혀졌다. 사건 발생 후 수사팀에 의해 범인들이 사격 연습을 하는 장면을 담은 비디오테이프가 공개되었다. 이 테이프에는 범인들이 숲 속에서 나무와 볼링 핀을 타깃으로 총을 마구 쏘아 대는 장면이 잡혔다. 여자 친구까지 데려와 즐거워하는 이들의 행동에서 총기의 위험성에 무감각해진 모습을 여실히 볼 수 있었다. 이 장면을 찍은 지 몇 주 뒤 이들은 자신들이 다니던 학교에서 무차별 총기 난동 사건을 벌였던 것이다.

그로부터 8년 후인 2007년 4월. 미국 버지니아 공과대학에 또 다른 비극이 발생하였다. 이 대학 영문과에 재학 중인 한국계 학생이 총기를 난사하여 교수를 포함한 32명이 사망하고, 29명이 부상을 입는 사건이 발생하였다. 범인이 한국계 이민자라는 사실이 우리 사회에까지 엄청난 충격을 주었다. 이것은 미국 역사상 가장 많은 인명의 손실을 입힌 총기 난동으로, 9·11 테러 이후로 방송이 이렇게 집중적으로 보도한 사건이 없을 정도였다. 이 사건은 1966년 텍사스 대학 총기 사건으로 16명이 사망하고 31명이 부상을 당한 이후 최악의 참사로 기록되고 있다.

버지니아 공대 사건의 충격이 채 가시기도 전인 2008년 4월 클리블랜드에 소재한 섹서스 테크 고등학교에서 14살 남학생이 학교 측에서 자신을 정학 조치한 데 불만을 품고 총격 사건을 저질렀다. 사건이 발생하자 교장이 긴급 방송을 통해

① 1997.10.1 미시시피 펄   3
② 1997.12.1 켄터키 퍼두커   3
③ 1998.3.24 아칸소 존즈버러   5
④ 1998.5.21 오리건 스프링필드   4
⑤ 1999.4.20 콜로라도 리틀턴   13
⑥ 1999.8.10 캘리포니아 로스앤젤레스 5
⑦ 2001.3.5 캘리포니아 샌티   2
⑧ 2002.10.28 애리조나 투손   3
⑨ 2005.3.21 미네소타 레드 레이크 9
⑩ 2006.10.2 펜실베이니아 니켈 마인스 5
⑪ 2007.4.16 버지니아 블랙스버그   32

미국 학교 총기사건 (1997.4.~2007.4.)

전교생에게 대피령을 내렸지만, 미처 피하지 못한 학생 5명이 부상을 입었다. 살해 용의자는 스스로 목숨을 끊었다.

위에 언급한 캠퍼스 총기 난동 사건들은 빙산의 일각에 불과하였다. 최근까지 고등학교에서 20번, 대학교에서 12번, 심지어 초등학교에서도 3번, 총 35건의 크고 작은 총기 사건이 발생하였다. 미국에서는 해마다 평균 200만 건이 넘는 폭력 범죄가 발생하고, 약 25만 명의 사람들이 목숨을 잃는다. 전쟁이나 기록적인 대지진의 피해자 수준이다. 한편 전체 범죄 중에서 총을 이용한 범죄는 무려 70퍼센트에 이르고 있다. 또한 총기에 의한 자살 사건이 빈번히 일어나는데, 자살자의 절반 이상이 사망 전 1개월 이내에 총기를 구입한 것으로 나타났다.[2] 이처럼 미국에서 해마다 수많은 총기 관련 사고와 사건이 줄을 잇고 있는데도 불구하고 왜 미국은 총기 소유나 휴대를 허용하고 있는가? 미국에서 총기를 규제한다는 것은 불가능한 일인가?

〈볼링 포 콜럼바인〉

요즘 <CSI: Crime Scene Investigation>라는 미국 드라마가 한국에서도 인기를 끌고 있다. 각종 범죄 수사를 다루고 있는 드라마 속의 미국(美國)은 결코 '아름다운 나라'가 아니었다. 언제, 어디서 총알이 튀어나올지 모르는 무서운 나라라는 생각이 들게 한다. <CSI> 시리즈는 매회 최소 1명, 많게는 수십 명이 사망하는 강력 사건을 다루고 있다. 그런데 드라마에서 죽은 사람의 약 80퍼센트는 바로 총 때문이다. 마약이나 돈, 그리고 치정 관계 때문에도 총을 난사한다. 미운 놈은 쏴 죽이고, 말을 듣지 않는다고 총으로 위협한다. 더구나 총기 사고의 상당수가 미성년자나 어린아이들에 의해 저질러진다는 것이다. 이것은 단지 드라마 속의 이야기만은 아니다. 오늘날 미국의 현실이 그렇다는 소리다.

영화 <화씨 9/11>로 유명한 영화감독 마이클 무어는 1994년 4월 발생한 콜럼바인 고등학교에서의 총기 난동 사건을 소재로 <볼링 포 콜럼바인(Bowling for Columbine)>이라는 다큐멘터리를 제작하였다. 이것은 2003년 LA에서 열린 아카데미상 시상식에서 다큐멘터리 부문상을 받은 작품이다. 무어는 이 작품에서 '총의 천국'이 되어 버린 미국 사회의 실체를 파헤쳐 많은 미국인들의 공감을 불러 일으켰다.

국가별 연간 총기 피살자 수를 보면, 미국이 압도적으로 많다. 일본 39명, 호주 65명, 영국 68명, 캐나다 165명, 프랑스

255명, 그러나 미국은 1만 1,127명에 달한다. 무어 감독은 "왜 미국만 이런가?"라고 질문한다. 무어는 미국에서 발생하는 각종 살인 사건의 대부분이 총 때문이며, 손만 뻗으면 총을 쉽게 구입할 수 있는 사회적 분위기에서 그 원인을 찾고 있다. 무어는 더 나아가 총기 소지를 강력히 옹호하는 '미국총기협회'의 로비와 영향력, 거대한 총기 생산업체와 군수 산업, 그리고 백인 보수주의자들과 공화당과의 결탁 등 총기 규제를 막고 있는 집단의 움직임도 까발리고 있다.

이 다큐멘터리를 보면 미국 내 한 은행은 "은행에 계좌를 신청하고 예금을 하면 사례품으로 총을 드립니다"라는 광고가 나온다. 심지어 다큐 속에서 은행 직원으로 보이는 사람이 자신의 금고에 몇 자루의 총이 있다고 자랑하듯 말하고 있다. 또 다른 장면에서는 군복 차림의 가족들이 출현하는데 "우리는 우리 가족의 안전을 위해 무장한 것이며, 이것은 미국 시민의 의무와 책임을 다하기 위한 것"이라고 말한다. 마치 개인이 총기로 무장하고 자신의 안전을 위해 총을 사용하는 것이 시민의 의무이며 책임이라는 말처럼 들린다.

이어 무어 감독은 미국에서 최연소 총기 사건을 일으킨 아이에게 카메라를 돌린다. 아이의 어머니는 이혼한 후 자식을 방치하고 생계를 위해 낮과 밤을 오가며 두 개의 직장을 다니고 있다. 여기서 무어는 미국 사회가 구조적으로 안고 있는 빈부 격차를 지적한다. 왜 미국은 밤낮으로 일을 하면서도 빈곤이 대물림되는 나라가 되었을까?

무어는 그 주된 원인을 미국 사회를 지배하고 있는 자유방임의 원리에서 찾고 있다. 총기 소유 역시 개인의 보호는 개인 스스로 책임져야 한다는 사고방식에서 비롯된 것이다. 이런 미국 사회의 구조적인 문제로 인하여 총기의 자유로운 소유와 이로 인한 수많은 총기 사건과 사고는 어찌 보면 당연한 일처럼 보인다.

미국인들이 총기 소유를 정당화하는 배경에는 개인의 자유에 대한 절대적인 신념이 작용하기 때문이다. 그러나 총기 문제에 있어서는 개인의 자유를 절대시하면서도, 낙태엔 개인의 자유를 침해하는 경향이 있다. 왜냐하면 총기 소유의 자유를 원하는 것은 백인 남성 중산층이고, 낙태 문제는 여성의 문제이기 때문이다. 미국 사회가 약자의 자유보다는 강자의 자유를 더욱 소중히 여긴다는 것을 의미하는 것이다.

낙태는 종교와 밀접하게 결부되어 있다. 미국식 자유주의는 근본적으로 보수적인 경향이 짙다. 보수는 결국 종교적 근본주의와 만난다. 그리하여 생명을 절대시하는 종교는 낙태를 금지한다. 그런데도 낙태보다도 더 생명을 위협하는 총기 소지의 자유에는 적극적이다. 미국의 종교계도 총기 소지의 문제를 낙태만큼 강하게 제동을 걸지 않는다. 결국 미국 사회는 강자 제일주의의 사회진화론이 지배하며, 그것을 상징하는 것이 총인 셈이다. 이것이 총을 포기하기 어려운 가장 큰 이유가 아닐까?

총기 문화의 역사·문화적 배경

　미국의 역사발전 과정에서 총기의 중요성을 인식하고 '총기 문화(gun culture)'라는 말을 처음 사용한 사람은 미국의 역사가 리처드 홉스테터였다. 그는 미국이 식민지 시대와 서부개척 시대를 거치면서 총은 미국의 독특한 문화로 자리 잡게 되었다고 언급하였다. 이후 총기를 둘러싼 논쟁이 있을 때마다, 총기 문화라는 단어는 가장 핵심적인 키워드로 등장하게 되었다.[3]

영국과 식민지의 갈등과 대립

　미국의 총기 보유의 역사는 모국인 영국의 정치 상황과 밀접하게 연관되어 있다. 영국 국왕 제임스 2세는 전제정치를 실시하고 가톨릭을 부활시킬 목적으로 의회의 승인 없이 상비군을 모집하도록 하였다. 당시 상비군은 국왕의 권력 유지를 위한 친위대로 인식되었다. 또한 상비군 제도는 공화정의 원칙에 상반되고, 국민의 자유를 위협하는 요인이 되었다. 이리하여 마침내 1688년 영국에서는 제임스 2세의 폭정에 항거, 그를 폐위시킨 소위 명예혁명이 일어났다.

당시 혁명을 주도했던 영국 의회는 절대 군주로부터 스스로의 자유를 지킬 시민의 권리가 필요하다고 생각하였다. 그리하여 이듬해인 1689년의 '권리장전'을 제정하여 시민들이 법이 허용하는 범위 안에서 자기방어를 위해 무장할 수 있는 권리를 법으로 명시하였다. 이러한 영국의 전통과 사상은 영국에서 이주한 개척민들에 의해 신대륙 미국으로 유입되었다. 당시 영국 정부도 신대륙의 척박한 땅으로 이주한 정착민들에게 인디언과 야생동물로부터 자신들을 보호할 수 있도록 총기 소유를 허용하였다. 즉, 정착 초기부터 총기는 미국 사회에 뿌리를 내리게 되었던 것이다.

영국은 다른 유럽 국가들과는 달리 일찍이 자국민을 신대륙으로 이주시켜 영유권을 확보하려 하였다. 아메리카 신대륙에서의 주도권을 차지하기 위한 전쟁(프랑스-인디언 전쟁)에서 영국은 승리를 거두어 신대륙에 대한 지배권을 강화하였다. 그러나 영국은 전쟁으로 인한 엄청난 부채로 극심한 재정난에 시달리게 되었다. 이를 보충하기 위해 영국은 식민지에 각종 세법, 즉 설탕세법(1764), 인지세법(1785), 타운센드법(1767) 등을 통과시켜 식민지의 경제적 부담을 가중시켰다. 이에 대해 각 식민지는 "대표 없는 곳에 과세 없다"라고 외치며, 각종 세법의 철폐를 요구하고 영국 상품에 대한 불매운동을 전개하였다. 일부 과격주의자들은 '자유의 아들들'이라고 불리는 비밀 결사를 조직하여 영국 세무 관리에 대한 테러를 가하기도 하였다.

영국 의회는 식민지의 거센 항의에 부딪혀 인지세법을 철폐하였으나, 이미 식민지에 고조된 반영국 감정을 꺾을 수는 없었다. 식민지인들의 저항과 불만이 점차 확대되자, 영국은 군사력을 더욱 증강시켜 식민지를 강압적으로 통치하려 하였다. 더욱이 영국은 군대 주둔법(1765)을 채택하여 식민지인들에게 영국 군대의 주둔에 필요한 숙식을 제공하도록 강요하였다. 영국이 취한 이러한 일련의 조치들은 식민지인들에게 미국을 착취하고 억압하려는 노골적인 의도로 보일 수밖에 없었다. 마침내 1770년 3월 보스턴 세관에 주둔하고 있던 영국군이 시위대를 향해 발포하여 5명이 사망하는 소위 '보스턴 학살' 사건이 발생하였다. 이것은 독립전쟁의 서막을 알리는 사건이었다.

미국 혁명의 최초 희생자가 발생한 보스턴 학살 사건은 식민지인들도 자기방어를 위하여 무장할 권리가 있다는 것을 확인시켜 주었다. 아이러니하게도 당시 미국인들은 영국의 관습법에 의하여 사실상 무기를 소유할 수 있는 권리를 부여받고 있었다. 이에 대해 영국 정부도 식민지인들도 자국민과 같이 무기를 소유하고 휴대할 수 있는 권리가 있음을 부인할 수는 없었다. 그러나 영국 정부는 식민지가 본국과 지리적으로 멀리 떨어져 있어, 반란이 일어날 경우 식민지가 영국의 통제에서 벗어날 것을 두려워하였다.

이에 영국 의회는 1774년 10월 모든 총기와 납, 화약, 기타 군 장비에 대한 수출 금지령을 발표하였다.[4] 이것은 식민지에서의 무장반란을 사전에 차단하기 위한 조치였다. 결국 영국 정부는 식민지에서의 반란을 제압하고 효율적인 통치를 위해서 식민지인들의 무기 소유를 금지하는 한편, 식민지인들이 소유하고 있는 무기를 몰수하기에 이르렀다. 식민지인들은 그들 관할 지역의 행정청에 자신들이 소유한 무기를 반환한 후에야 도시를 떠날 수 있었다.[5] 이런 영국의 조치는 식민지들이 영국에 대항하여 무장혁명을 일으킨 주된 요인이 되었다.[6]

식민지 민병대의 활동

미국 건국의 아버지들은 개인의 무기 소유권이 전제정치와 상비군에 대항하기 위한 시민의 권리라고 확신하였다. 그리하여 식민지는 무장한 시민들의 자발적인 참여로 구성된 민병대를 조직하기에 이르렀다. 자유로운 시민들로 구성된 민병대만이 조국의 안전과 시민의 자유를 지킬 수 있는 가장 안전한 대응책이라는 것을 믿었기 때문이었다. 이런 의지에도 불구하고, 식민지 미국인들은 민병대를 효과적으로 조직하고 유지할 수 있는 충분한 인적 자원과 재원을 갖추지 못하였다. 당시 민병대는 복무 기간이 몇 개월밖에 안 되는 단기 근무였고, 그것도 자기 고장이 위험에 직면했을 때에만 국한되어 있었다.

그러나 영국의 강압적인 통치에 대항하여 독립을 해야 한다는 애국주의가 고조된 이후 식민지인들은 자발적으로 무장하였다. 각 주 식민지는 '1분 안에 즉각 출동할 수 있게 준비된 군인'이란 뜻의 '1분 대기반(minute-man)'이라는 민병을 조직하였다. 민병대는 전쟁 수행을 위해 무기고를 갖추고, 훈련과 동원 임무를 수행할 공안위원회도 조직하였다. 18~45세의 건강한 백인 남성이면 누구나 민병대에 가입하여 싸우는 것을 명예롭게 생각하였다.

1775년 4월 영국은 식민지 미국인들이 보스턴 근교의 콩코드 지역에 많은 양의 무기와 탄약을 저장하고 있다는 첩보를 입수하였다. 그리하여 영국은 이 지역의 무기 탈취를 위하여

영국과의 독립전쟁 시 무장한 식민지 민병의 모습(좌)과 민병 소집 훈련 광경(우).
1분 안에 즉시 출동이 가능한 준비된 군인이란 뜻에서 미니트 맨
(minute-man)이라 불렀다.

천 명에 이르는 병력을 파견하였다. 이에 대항하여 미국인들은 조국의 방어와 독립을 외치며 너나없이 집에 있는 총을 들고 몰려들었다. 출격한 영국군과 식민지(매사추세츠 주) 민병대는 콩코드로 가는 길목에 위치한 렉싱턴 지역에서 무력으로 대치하게 되었다. 곧이어 총성이 울렸고, 역사적인 독립전쟁이 시작되었다. 영국군의 대오를 무너뜨리고 독립을 쟁취하게 만든 것은 바로 민병들이 가지고 있던 총이었다.

전시 상태에 돌입하자 식민지 대표들은 필라델피아에서 제2차 대륙회의를 개최하여 각 주의 민병대들을 통합하여 대륙연합군을 조직하여 대대적인 무력항쟁에 들어갔다. 연합군 총사령관에 임명된 조지 워싱턴의 지도하에 각지에서 자발적으로 몰려든 민병의 수도 점차 증가되었다. 민병대는 짧은 시간에 조직되었기 때문에 장비가 부족하였고 제대로 된 훈련도 받지 못한 경우가 많았다. 그러나 이들은 고향을 스스로 지킨다는 결의로 무장하였다.

민병대는 워싱턴 장군의 지휘하에 약 40만 명이 전쟁에 참여하여 독립전쟁을 진정한 전국적인 규모의 위업으로 만드는 데 공헌하였다. 13개 식민지 중에서 가장 막강했던 버지니아의 경우 만만치 않은 전력을 가지고 있었다. 혁명의 지도자였던 리처드 헨리 리가 1775년 그의 동생에게 보낸 편지에서 "버지니아에는 6천 명의 '라이플 맨'으로 구성된 민병대가 있으며, 이들의 상당수는 정규적인 사격 훈련으로 200야드 밖의 오렌지를 명중시킬 수 있는 사격술을 보유하였다"라고 언급하였다.[7] 민병들은 조국의 독립과 자유를 수호한다는 결의로 막강한 해군과 군사 장비를 갖춘 영국군에 대항하여 많은 전공을 올렸다.

대륙 연합군은 1777년 가을 '새러토가'에서 영국군을 대파하여 승리를 위한 유리한 고지를 마련하였다. 그리고 마침내 1981년 10월 프랑스군의 지원을 받아 버지니아의 요크타운 전투에서 영국군에게 결정적인 승리를 거두고, 독립전쟁을 성공적으로 이끌었다. 자신의 생명과 재산을 지키고, 조국의 자유와 독립을 위해 총을 들고 영국군과 싸운 민병대의 정신은 미국인들에게 고귀한 전통으로 남아 있다. 이를 통해 미국인들은 총은 곧 자유와 생명을 지키는 수단이 된다는 신념을 갖게 되었던 것이다.

수정헌법 제2조의 배경과 내용

미국은 1776년 모국인 영국과 유혈 투쟁 끝에 독립을 쟁취하였다. 그러나 미국인들은 과거 식민지 시절 영국의 국왕과 상비군으로부터 받았던 악몽을 떠올리며 새로 구성될 연방 정부가 전횡을 일삼지 않을까 하는 두려움을 갖고 있었다. 내심 영국의 크롬웰 같은 독재자가 미국에서도 출현할까 경계하였던 것이다. 이에 미국인들은 독재로부터 개인의 자유를 보장받을 수 있는 대비책으로 민병대와 무기 소유의 권리를 주장하였다. 즉, 독재와 폭정에 대항하기 위해서는 시민의 자발적인 무장으로 조직된 민병대가 독립 후에도 계속 유지되어야 한다고 생각하였다. 따라서 미국에서 총기 소유는 전제적인 정부에 맞서는 개인과 국민의 기본권으로, 총은 정부에 대한 저항권의 상징으로 인식되었던 것이다.

무엇보다도 미국에서 총기 문화가 정착하게 된 가장 중요한 요인은 국민의 무기 소유를 합법화한 수정헌법 제2조가 존재하기 때문이다. 영국으로부터 독립을 쟁취한 후 건국의 아버지들은 느슨하게 연합된 13개 주를 통합하여 연방 정부를 세우는 데는 동의하였다. 1787년 미국 헌법이 제정되고, 새 정부가 출범하였다. 그러나 미국 헌법 비준에 대한 논의를 벌이는 과정에서 강력한 중앙정부가 상비군의 힘을 이용하여 국민의 자유와 기본권을 유린하지 않을까 우려하였다.

수정헌법 제2조가 채택된 배경에는 강력한 중앙정부와 중앙정부의 통제하에 있는 상비군이 국민의 자유를 위협할지도 모른다는 우려가 강하게 작용하였다. 이러한 우려는 과거 영국 식민지 시대의 경험으로부터 나온 것이었다. 토머스 제퍼슨은 '독립선언문'에서 조지 3세에 대한 식민지 미국인들의 불만 사항을 나열하면서 "조지 3세는 평화로운 시기에도 식민지 의회의 동의 없이 상비군을 유지하였다. 그는 군대를 민간 권력에서 독립시켜 민간 권력보다도 우월하도록 만드는 데 힘썼다"라고 지적하였다. 이러한 불만은 영국 정부가 상비군을 식민지에 주둔시키면서도, 식민지인들의 무기와 탄약을 몰수하려는 조치에 대한 항의였던 것이다.

많은 주들은 헌법 비준에 동의하는 조건으로 국민의 기본권을 구체적으로 명시된 조항이 헌법에 추가로 보장되어야 한다고 요구하였다. 그 결과 제임스 매디슨의 주도하에 10개의 수정 조항이 원래의 헌법에 추가되었다. 이것은 새 헌법과 그에 따라 조직된 연방 정부의 강력한 구속력을 탐탁지 않게 생각하던 반연방주의자들의 주장을 반영한 것이었다.

수정헌법은 연방 정부나 연방의회에 대항하여 개인의 자유와 권리를 보호하고, 각 주의 독립성과 자율성을 보장하기 위한 조항들로 채워져 있다. 제1조는 종교, 언론 및 출판의 자유와 집회와 청원의 권리, 제2조는 개인의 무기 소유와 휴대의 권리, 제3조는 민간인의 가택에서 군인의 숙영을 금지하는 조항을 담고 있다. 나머지 제4조~제10조까지는 수색 및 체포 영장, 형사사건에서의 권리, 공정한 재판을 받을 권리, 민사사건에서의 권리, 그리고 국민이나 각 주가 보유하는 권한 등을 명시하였다.

수정헌법 제1조에서 제10조까지는 국민의 기본권을 세세하게 명시하여 소위 미국의 '권리장전(Bill of Rights)'이라 불리는데, 이것은 제1차 연방의회의 첫 회기에 제안되어 각 주에 보내져서, 1791년 12월 비준이 완료되었다. 수정헌법 전문에는 헌법이 잘못 해석되거나 권력이 남용되는 것을 막기 위하여 제한을 가한다는 선언이 포함되어 있다. 이것은 개인의 권익이 정부보다 우선한다는 정신을 담고 있는 것이다.

수정헌법 제2조는 "규율을 갖춘 민병대는 자유로운 주 정부의 안보에 필요하므로, 무기를 소유하고 휴대할 수 있는 국민의 권리가 침해를 받아서는 안 된다"라고 규정하고 있다. 즉, 각 주의 시민들이 민병으로 복무할 헌법적인 권리를 지니고 있어야 하며, 민병 활동이 가능하기 위해서는 개인들이 무기를 소지할 권리가 보장되어야 한다는 것이다. 미국인들에게 총기 소지는 폭정에 맞서는 개인과 국민의 기본권이자, 연방 정부로부터 주 정부의 독립을 지탱하는 권리였다. 이러한 전통은 200년이 넘게 지금까지 지켜져 오고 있는 것이다.

총기 소유는 국민의 기본권

식민지인들은 영국의 압제와 탄압에 대항하여 스스로 무장할 권리가 있다고 생각하였다. 그렇다면 수정헌법 제2조에 명시된 무장권(총기 소유와 휴대의 국민적인 권리)의 사상적 근거는 어디에서 찾을 수 있겠는가? 존 애덤스는 "모든 시민들은 공격을 위해서가 아니라, 자신을 스스로 방어하기 위해서 무장할 권리를 부여받았다"라고 언급하였다.[8] 후에 수정헌법 제2조의 채택을 강력히 주장하였던 조지 매이슨은 영국의 강압적인 무기 몰수에 분개하여 다음과 같이 언급하였다.

…… 일반 시민들로(특히, 유한 시민계급이나 자영 농민) 구성된 규율을 갖춘 민병대는 (영국) 상비군으로부터 우리 조상들이 세운 법을 지키고 자유를 수호하는 데 필요하다.

우리 시민들 각자는 잘 정비된 화승총(fire-lock), 1파운드의
화약과 4파운드의 납, 탄알 대, 점화를 위한 부싯돌과 화약
통 등을 신속하게 갖추고 무장할 것을 결의해야 한다.[9]

매이슨은 식민지인들의 자발적인 참여로 구성된 민병대와
영국 정부의 통제를 받는 상비군을 구별하였고, 상비군에 대
항하여 일반 시민들은 무장할 권리가 있음을 천명하였다. 그
는 더 나아가 "국민을 무장 해제시키는 것은 그들을 노예화시
키는 가장 효과적인 방법이 될 것"이라고 언급하였다.
　이러한 국민적 권리에 대한 견해가 가장 명확하게 나타난
것은 토머스 제퍼슨이 초안한 독립선언서였다.

　모든 사람은 평등하게 태어났으며, 조물주는 몇 개의 양
도할 수 없는 권리를 부여했는데, 그 권리 중에는 생명과 자
유와 행복의 추구가 있다. 이 권리를 확보하기 위해 인류는
정부를 조직했으며, 이 정부의 정당한 권력은 국민의 동의
에서 유래된다. 또 어떠한 형태의 정부든지 이러한 목적(국
민의 기본권)을 파괴할 때는 언제든지 정부를 변혁시키거나
폐지시킬 수 있으며, 국민이 가장 안전하고 행복할 수 있는
원칙에 기초를 둔 새로운 정부를 조직하는 것은 국민의 권
리이다.[10]

분명 제퍼슨은 정부의 평화로운 권력 이양을 선호하였다.

그러나 정부가 국민의 기본권을 무시하고 탄압할 때는 이를 전복시키고 새로운 정부를 조직하는 것이 당연한 '국민의 권리'임을 천명하였다.

제퍼슨뿐만 아니라, 헨리, 애덤스, 워싱턴 등 건국의 아버지들은 지주나 자유 시민은 물론 모든 미국인들이 무장하여 전제적인 정부에 저항할 것을 요구하였다. 유명한 『상식(Common Sense)』이라는 소책자를 저술하여 혁명의 불길을 당긴 토머스 페인은 "만약에 무기가 존재하지 않는다면 세계의 모든 나라는 평등한 관계가 유지될 것이다. (중략) 그러나 무력을 사용할 수 있는 힘을 가진 국가와 무기 사용을 박탈당한 국가가 충돌한다면 무서운 재앙이 닥칠 것이다. 왜냐하면 약자는 강자에게 희생이 될 것이기 뻔하기 때문이다"라고 언급하면서 독립혁명 당시 종교적 반전론자들에게 영국에 대항하여 무기를 들 것을 촉구하였다.[11]

미국 혁명의 경우에서는 오히려 강자가 약자의 먹이가 된 형국이었다. 막강한 전력과 경험을 가진 영국군은 결연한 독립의 의지로 무장한 식민지 미국인들에 의해 오히려 포위 공세를 받았다. 건국의 아버지들은 한 목소리로 이것은 무기를 소유하고 휴대할 수 있는 국민적 권리가 가져온 결과라고 하였다. 매디슨은 "그들 국민들이 무장하는 것을 두려워하는 다른 국가와는 달리 우리 미국인들은 무장할 수 있는 권리와 이점을 가지고 있다"라고 하였다.[12] 조지 워싱턴은 첫 의회에서 전체성인 남성을 의무적으로 민병대에 등록하도록 하는 법안

31

을 통과시키도록 촉구하였다. 그는 더 나아가 모든 자유민들은 무장을 하고, 규율 있는 훈련을 받아야 한다고 주장하였다.

조지 매이슨은 헌법 비준을 둘러싼 버지니아 의회의 논쟁에서 민병의 자격 요건을 더욱 구체화하였다. 매이슨은 "민병은 누구인가? 그것은 관직에 있는 몇몇 공무원들을 제외하고 전체 국민을 의미한다"라고 언급하였다.[13] 여기서 매이슨은 '몇몇 공무원을 제외하고'라는 표현을 사용함으로써 분명히 개인적으로 무장한 모든 시민들이 민병에 참여하여야 하며, '전체 시민의 무장화'가 바로 전제적인 정부에 대항하여 자유와 독립을 지키는 요체가 된다는 것을 분명히 밝히고 있다. 건국의 아버지들의 이러한 견해는 수정헌법 제2조에서 언급된 총기 소유가 집단으로서 민병대에 한정된 것이 아니라, 국민의 개인적이고 자발적인 권리라는 것을 보여 주는 것이다.

1960년에 법학 교수인 스튜어트 헤이즈가 처음으로 개인의 총기 소유는 수정헌법 제2조에 의해 보호받는 특권이며 민병에만 적용하려는 과거 법원의 판결은 잘못된 것이라고 주장하였다. 헤이즈는 수정헌법 제2조는 민병의 의무와는 상관없이 우선적으로 자기방어를 위해서라도 총기 소지에 관한 개인의 권리가 보호되어야 한다고 하였다. 그는 또한 수정헌법 제2조가 개인의 '혁명의 권리'를 규정하며 무장한 시민이 부당한 방식으로 행동한 정부에 대해 무장 혁명을 일으킬 수 있다고 언급하였다. 본질적으로 헤이즈의 주장은 수정헌법 제2조의 실제 목적은 미국 독립혁명 당시 애국주의자들이 그랬던 것처럼 전제정치에 대항할 수 있는 권리를 정당화한 것으로 해석되었다.

총기 소지가 국민의 개인적 권리라는 주장은 1980년 이후 수정헌법 제2조의 법률적 해석을 다룬 논문 36편을 분석한 『미국 헌법의 백과사전』이라는 저서를 통해서도 확인할 수 있다. 이 저서에 따르면, 단지 4편만이 정부가 개인의 총기 소유를 규제하거나 통제할 수 있다는 견해를 낸 반면, 나머지 32편은 모두 총기 소유는 국민 개개인의 기본적인 권리에 속하며, 따라서 연방 정부나 주 정부가 국민의 무기 소유의 권리를 침해할 수 없다고 주장하였다.[14]

예일대 법과대학 교수인 아크힐 아마는 다음과 같이 수정헌법 제2조에서 언급된 국민의 무장권에 대하여 언급하였다.

무기를 소유하고 휴대할 수 있는 권리는 각 주의 민병대가 아니라, 국민의 권리에 속한다. 수정헌법 2조에 명시된 '국민'은 일반 시민들 개개인을 말하는 것이며, 이것은 (미국인을 통칭하여 일컫는) 'We the People'과 같은 의미를 지니는 것이다. 따라서 수정헌법 제1조에서 명시한 종교, 언론 및 출판의 자유, 집회와 청원의 권리와 같이, 국민의 무기 소유권도 개인적인 권리로 인정되어야 한다. 오늘날 보통 주 방위군을 과거 '주 민병대'와 유사한 것으로 동일시하는 경향이 있으나, 수정헌법 제2조가 채택될 당시 민병대는 무기를 소유할 수 있는 모든 시민들을 통칭하여 언급한 것이

다. 따라서 민병대는 국민과 동일한 개념이다.[15]

이런 견해는 무기 소유권을 개인의 기본권이라고 확신했던 건국의 아버지들의 생각과 정확히 일치하는 것이다. 미국 건국의 아버지들의 소리를 들어 보라. 토머스 제퍼슨은 "총을 가지지 못한 인간은 자유인이라 말할 수 없다"라고 하였으며, 제임스 메디슨은 "미국인은 스스로 무장할 수 있는 권리와 혜택을 누려야 마땅하다"라고 주장하였다. 독립전쟁 당시 "자유가 아니면 죽음을 달라!"라는 유명한 말을 남긴 패트릭 헨리는 "능력이 되는 모든 사람은 총기 하나씩은 소유할 수 있어야 한다"라고 하였다.[16] 또한 애덤스는 "모든 시민들은 공격을 위해서가 아니라, 자신을 스스로 방어하기 위해서 무장할 권리를 부여받았다"라고 언급하였다.[17]

개척민들의 필수품인 총기

앞서 언급한 식민지 민병대와 수정헌법 제2조와 함께, 미국의 총기 문화는 사냥과 스포츠의 전통과 서부개척 시대의 유습으로부터 유래되었다. 우선 농업이 주요 생계 수단이었던 식민지 초기 정착민들에게 총은 중요한 생활 수단이었다. 야생동물이나 인디언의 위협으로부터 자신들을 보호하고, 사냥을 통해 부족한 육류원을 확보할 수 있었기 때문이었다. 당시 미국을 식민지로 만들었던 영국 정부도 신대륙 정착민에게 자기방어를 위한 무기 소유를 허용하였다. 이것은 지리적으로 멀리 떨어진 식민지에 영국과 같은 수준의 치안과 질서 유지를 보장할 수 없었기 때문이었다.

미국의 저명한 역사가이자 퓰리처상 수상자인 다니엘 부어스틴은 "총기는 개척민들에게 자기방어와 식량 확보를 위한 필수품이었기 때문에 당시엔 거의 누구나 총기를 보유하였다"라고 언급하였다.[18] 또 다른 역사학자인 웨슬리 크레이븐 역시 "초기 영국 식민지 시대 거의 모든 능력 있는 남성들은 총기를 소유하였다"라고 주장하였다.[19] 서부 야생지는 모피 사냥꾼, 농경민, 목축업자, 광부, 상인 등 다양한 사람들이 이주하여 개척되었다. 총은 이들의 서부개척과 항상 함께 하였고, 인디언이나 무법자, 야생동물로부터 자신들의 생명과 재산을 보호하는 필수품이 되었다. 윌리엄 데브스는 프런티어 정착민들의 생활을 다음과 같이 묘사하였다.

정착민이 거처하는 오두막에는 적어도 한두 정의 라이플(소총)과 구식 피스톨(권총)이 있었다. (중략) 총에 대한 기본상식이 없거나 총을 적절히 사용할 줄 모르는 남자들은 진정한 남성으로 대접받지 못하였다. (중략) 프런티어의 아버지는 아들이 9~10세에 이르면 총을 쏘고 스스로 방어하는 법을 가르쳤다. (중략) 부자가 함께 사슴이나 곰 사냥을 즐겼고, 사냥 후에는 온 가족이 푸짐한 저녁상을 받을 수 있었다. 그리고 인디언들이 오두막 주변을 맴돌며 약탈을 하거

나 싸움을 걸어올 때와 같이 극도로 위험한 상황에 처하게
되면, 강하게 키워진 사내아이는 아버지와 함께 가족의 생
명과 재산을 지키는 용감한 전사가 되었다.[20]

총기 역사학자인 하롤드 패터슨이 언급하였듯이, 미국에서
1620~1690년 기간만큼 총기가 절실하게 필요했던 시기는 없
었다. 총은 초기 정착민들에게 야생동물과 인디언들의 공격에
대비하고, 음식이나 옷가지, 다양한 일용품을 확보하는 데 없
어서는 안 될 도구였다. 당시 식민지에서는 총기를 생산할 기
술과 자본이 부족하였지만, 유럽으로부터 다양한 종류의 총기
를 수입하였으며, 그 결과 "미국인들은 유럽인을 능가하는 성
능이 뛰어난 총기를 소유할 수 있었으며, 능숙하게 총기를 다
루는 방법도 터득하였다."[21]

18세기 식민지 미국인들은 '세계에서 가장 잘 무장된' 사람
들이었으며, 식민지는 모국인 영국의 관습법에 따라 무기를
소유하고 휴대하는 것을 법으로 보장하였다.[22] 손에는 총을
들고, 벨트에는 총탄을 두른 채, 프런티어 개척민들은 야생의
세계를 정복해 나갔고, 총기에서 뿜어 나오는 힘과 정의가 새
로운 사회 질서를 창출한다는 미국적 신화와 가치관을 형성하
게 하였다.[23]

거친 자연환경의 도전, 그리고 항상 위험에 노출된 야생지
에서 사냥 기술은 생존은 물론 성인 남성으로 인정받는 '보편
적인 통과 의례'로 인식되었다.[24] 이러한 총기 문화의 전통은

오늘날 미국에서 사냥이나 사격이 중요한 대중 스포츠의 하나로 자리 잡게 되는 데 중요한 역할을 하였다. 사냥이나 사격은 도시나 산업화된 지역보다는 중서부나 남부의 농촌 지역을 중심으로 성행하고 있는데, 이것은 미국의 총기 문화가 도시보다는 농촌 지역(과거 프런티어 지역)에서 뿌리를 내리게 된 것에서 확인할 수 있다.[25]

프런티어 기록에 나타난 총기 문화

독립 후 서부개척 시대에 총은 단도나 사냥칼과 같은 무기와 함께 인디언, 무법자, 그리고 야생동물의 위협으로부터 자신을 방어하기 위한 필수품이었다. 서부개척 시대 총기 보유 현황을 확인할 수 있는 자료가 부족하여 정확한 총기 보유 상황을 파악하기가 어렵다. 그러나 프런티어 여행자나 정착민들의 기행문과 서신, 회고록이나 자서전 등을 통해 19세기 초반 총기는 이미 보편화된 생활 도구였음을 확인할 수 있다.

1830년대 앨라배마를 방문했던 영국의 박물학자 필립 거스는 "이곳 사람들은 스포츠와 육류 확보, 그리고 농작물을 보호하기 위하여 라이플로 다람쥐, 야생 개, 여우 등을 사냥하는 것이 일상적인 생활이었다"라고 하였다. 그는 앨라배마인들의 사냥과 총기에 대한 태도를 다음과 같이 묘사하였다.

자기방어와 자연에 대한 도전 정신은 이곳 사람들을 숙

련된 사냥꾼으로 만들었다. (중략) 누구든 장총을 지니고 있었으며, 총을 다루는 기술은 남부 남성들이 긍지를 느끼고 자랑스러워 할 만큼 아주 높은 수준이었다. 이곳에서는 나이가 아주 어린아이들조차도 총을 다루는 데 뛰어난 기술을 가지고 있었다. (중략) 젊은이들이 즐기는 게임은 사격이었다. 옛날 영국의 궁술(활쏘기)에서 볼 수 있는 것처럼 신출한 기술을 보여 주었는데, 그것은 과녁에 못을 반쯤 밖아 놓고 상당한 거리에서 총을 쏘아 못의 머리 부분을 조준하여 못이 판자에 완전히 박히게 하는 시합이었다. 못이 빗나가 휘거나 구부러진다면 물론 실격이었다.[26]

1831년 앨라배마를 여행하였던 알렉시스 드 토크빌은 "이곳 사람들은 옷 속에 총을 감추고 다녔다. 아주 사소한 싸움에서도 칼이나 총을 드는 폭력이 다반사로 발생하였다. 그것은 반 야만적인 사회나 다름없었다"라고 말하였다.[27] 토크빌은 앨라배마뿐만 아니라, 다른 지역에서도 총기 문화가 보편화되어 있다는 사실을 테네시의 한 농부의 말을 인용하여 다음과 같이 언급하였다.

이곳 사람들은 대체로 나태하고 노동을 악이라고 생각해요. 먹을 음식이 있고 거처할 오두막만 있다면 그저 행복해하며 담배를 피우거나 사냥하는 것만 생각한답니다. 여가 시간만 나면 농사는 돌보지 않고 어떻게 하면 좋은 총을 가지고 사냥을 할까 하는 데만 관심이 있지요.[28]

서부개척 시대 사냥을 즐기는 프런티어 맨의 모습.

토크빌은 켄터키와 테네시의 '농부의 캐빈(peasant's cabin)'에는 "잘 정돈된 침대와 의자, 그리고 몇 권의 책과 신문을 발견할 수 있으며, 거의 모든 가정에서 총을 볼 수가 있었으며, 사냥은 생활의 한 부분이었다"라고 밝히고 있다.[29]

1818년 오자크 지역(미주리, 알칸소, 오클라호마 세 주가 걸쳐 있는 고원 지대)을 방문했던 헨리 로이 스쿨크래프트는 여가를 위한 스포츠 사냥이나 육류나 가죽을 얻기 위한 직업적인 사냥은 어디서나 목격할 수 있는 광경이라고 하였다. 이 지역 어린아이들은 14세가 되면 라이플 사용법을 완벽하게 익혔으며, 동물의 가죽을 벗겨 신발이나 옷을 만드는 기술을 터득하였다.[30] 스쿨크래프트는 총이 사냥은 물론 생존을 위한 도구였음을 다음과 같이 묘사하였다.

오자크 지역 사람들의 일부는 농사를 짓고 일부는 사냥으로 살아간다. (중략) 사냥은 중요하고 명예로운 것이며, 가

39

계에 보탬이 되는 일이었다. 남성들의 가치와 평판은 사격 기술, 사냥에서의 민첩성과 강인함, 그리고 인내와 어려움을 극복하는 능력에 의해 평가되었다. (중략) 사냥꾼들은 깊은 숲 속에서도 생존하는 능력을 터득하였고, 야생의 프런티어 곳곳에서 발생할 수도 있는 싸움에서도 효과적인 군사 조직력을 형성할 수 있었다. 이들 훈련된 사냥꾼들은 곤경과 위험에 단련되었을 뿐만 아니라 완벽하게 라이플의 사용 기술을 터득하였다.[31]

1830~1840년대 미국을 방문했던 유럽인들은 그들의 여행 기록이나 자서전을 통하여 미국을 방문한 목적의 하나가 사냥을 위한 것이었음을 증언하고 있다. 이들은 총은 미국인의 생활과 문화에 필수적인 요소였으며, 사냥과 사격은 어디서나 볼 수 있는 광경이었다고 언급하였다. 찰스 어거스터스 머레이는 버지니아의 한 농촌 지역을 방문한 경험을 다음과 같이 기록하였다.

나는 마을에서 7마일 정도 떨어진 외딴 농가에서 첫날 밤을 보냈다. 이곳 사람들은 농사를 짓지만, 사냥이 생활화된 사람들이었다. 거의 모든 남성들은 라이플을 가지고 있었으며, 여가 시간에는 야생동물을 쫓아 사냥에 나섰다. 내가 런던에서 제작된 쌍 라이플 총을 보여 주자 사람들은 총의 구석구석을 살피면서 모양과 성능에 대하여 관심을 보였다. 그러나 총을 살펴본 뒤에 거의 모든 사람들은 '과녁 맞

히기 시합을 한다면 난 당신을 이길 수 있다'라고 이구동성 이야기하곤 하였다.[32)

　미국에서 총기 소유와 사냥은 북부 지역보다는 서남부 지역에서 더 보편적으로 행해졌다. 그러나 북부에서도 총기 문화가 널리 형성되었다는 사실을 다양한 기록을 통해 확인할 수 있다. 포테스큐 커밍은 1807년부터 1809년까지 오하이오와 켄터키 지역의 여행을 통하여 이곳 북부에서도 서남부 지역과 같이 사격 스포츠나 사냥, 자기방어를 위해 총이 널리 사용되고 있음을 확인하였다. 커밍은 자급자족을 위한 사냥과 시장에 내다 팔기 위한 상업적인 사냥을 구별하였는데, "상업적인 사냥보다는 자급을 위한 사냥이 일반적이었다"라고 기록하였다.[33)

　커밍은 켄터키 지역이 개발되어 정착촌이 들어선 후에도, 얼마나 많은 미개척지와 다양한 동식물 서식지가 남아 있는지를 묘사하였다. 이곳 사람들은 사냥을 통해 다양하고 풍부한 먹을거리를 손쉽게 구할 수 있었기 때문에 빵은 거의 주식이 되지 못하였다. 일상화된 사냥과 자연으로부터 손쉬운 음식물 조달은 오히려 농업 발전에 장애가 될 정도였다.[34) 커밍은 사냥꾼인 자신조차도 놀라울 정도로 서부 펜실베이니아인들의 사격 솜씨에 감탄하며, 다음과 같이 기록하였다.

　이곳 거주민들은 버지니아인들과 같이 농촌 마을 사람들

이다. 이곳에서는 백인은 물론 인디언들 중에도 라이플 소총을 능숙하게 다루는 전문적인 사냥꾼이 많았다. 숲 속에서 배회하는 야생 칠면조나 나무 꼭대기에 매달려 있는 다람쥐의 머리를 정확히 가격하지 않으면 실패한 사격이라고 생각하였다. 이들은 작은 탄알 몇 개를 장전한 총으로 동물이나 새의 머리를 정확히 관통하는 신기에 가까운 사격 솜씨를 보여 주었다.[35]

커밍은 몇몇 사례를 들어 총이 법을 집행하기 위한 도구로 사용되었다는 사실에 대해서도 언급하였다. 그는 서부 펜실베이니아 여행 중 한 마을에서 발생한 살인 사건을 목격하였는데, "이곳 주민들은 마을에서 살인 사건이 발생한 것을 확인한 후, 급히 이웃에게 알려 안전하게 대피시키고, 곧 이어 마을 사람들을 모아 무장한 채 범인을 추적하였다. 저항하는 범인 1명을 현장에서 사살하고, 다른 1명은 체포하였다"라고 기록하였다.[36]

서부 펜실베이니아 산악 지대를 여행했던 일라이어스 핌포드햄은 40여 명으로 이루어진 강도단을 만난 경험을 기록하였다. "피스톨과 라이플로 무장한 이들 강도단은 외딴 농가를 급습하여 옷가지와 가축을 약탈하였다"라고 증언하였다.[37] 포드햄은 또한 채권자로부터 청탁을 받고 도주 중인 채무자를 추적하는 8명의 무장 총잡이들을 목격한 것과 "16~17세기 용기병(dragoon officer)처럼 구두 안창에다 피스톨을 숨기고 다니는" 치안판사를 만난 경험을 기록하였다.[38] 이런 사례들은 당시 총이 자기방어나 사냥뿐만 아니라, 살인이나 약탈의 도구로 혹은 범법자를 응징하는 수단으로도 사용되었음을 말해 주는 것이다. 또한 이런 기록을 통해 남북전쟁 이전에 이미 변방 프런티어 지역에서 강도나 순회 판사들조차도 총기를 소유할 만큼 총기 문화가 널리 퍼져 있다는 사실도 확인할 수 있다.

포드햄은 1817년 인디애나의 일리노이 지역의 야생지를 여행하는 데 갖추어야 할 개인 소지품, 즉 총과 인디언 도끼, 숲 속에서 야영하는 데 필요한 장비 등에 대해서도 상세한 기록을 남겼다. 그는 영국에 있는 동생에게 보낸 편지에서 "나는 창이 넓은 밀짚모자를 쓰고, 긴 바지에 모카신(뒤축이 없는 인디언 신발)을 신고, 허리에는 탄약띠와 뿔 모양의 화약 케이스를 차고, 어깨에는 총을 멘 채, 온종일 말을 타고 이동하고 있다"라고 말하였다.[39] 이것은 당시 프런티어 남성들의 통상적인 옷차림이었다. 포드햄은 이곳 프런티어 정착민들의 상당수는 전문적인 사냥꾼이었으며, 이들은 "인디언과의 잦은 충돌로 용감하고 강인하였으며, 그들의 손에 들린 라이플은 생존을 위한 중요한 수단이었다"라고 언급하였다.[40] 이곳 사람들은 덫이 아니라 주로 총을 이용하여 사냥을 하였으며, 크리스마스 시즌에는 사냥한 야생 칠면조를 요리하여 밤새도록 먹고 마시며, 총을 쏘아 대는 등 여흥을 즐겼다.[41]

이러한 '크리스마스 총포 사격'은 1830년대 미주리 프런티어를 방문하였던 독일인 여행자 가트 괴벨의 증언에서도 확인되고 있다.

크리스마스 전날, 인근 마을에서 많은 젊은이들이 사냥용 라이플뿐만 아니라, 독립전쟁 때 사용하였던 구형 머스켓과 호스 피스톨(horse pistol, 가죽집에 넣는 대형 단총)을 들고 모여 들었다. 이들은 의기투합하여 총을 완전히 장전한 채 집집마다 돌아다녔다. 이들은 아주 조용하고 은밀하게 한 가옥에 접근하여 그 집의 부녀자나 아이들이 깜짝 놀랄 만큼 일시에 총을 쏘아 댔다. 총소리를 듣고 주인이 나타나지 않으면, 다시 총을 쏘아 댈 참이었다. 그러나 보통 집 주인 남자는 즉시 문을 열고 답례로 자신의 총을 발사한 후, 이들 모두를 집안으로 초청하였다. (중략) 잠시 머물러 잡담을 나눈 뒤, 일행은 이웃집으로 자리를 이동하여 같은 방법으로 총포 놀이를 즐겼다. (중략) 마을 곳곳에서는 밤새도록 총소리가 진동하였다.[42]

당시 프런티어 지역에서 크리스마스는 성스런 종교 축제일이기보다는, 먹고 마시며 여흥을 즐기는 세속적인 축제일처럼 보였다. 안식일도 역시 마찬가지였다. 1840년에 인디애나를 방문한 한 여행자는 "서부에서 안식일은 신성을 모독하는 일들로 가득하였다. 시장에서는 물건이 흥정되고, (중략) 사람들은 오락과 유흥으로 마음이 들떠 있었다. 사냥과 세속적인 이야기, 음주와 무절제한 행동은 프런티어에서 흔히 볼 수 있는

광경이었다"라고 기록하였다.[43]

포드햄은 영국에 있는 동생에게 보낸 편지에서 "영국산 라이플은 이곳에서도 손쉽게 구할 수 있으니, 필요하다면 피스톨 한두 정만 가져오길 바란다"라고 조언하였다.[44] 당시 미국에서는 성능이 뛰어나고 사용하기가 편리한 영국산 피스톨은 귀하고, 값도 비싼 편이었다. 그러나 라이플과 같은 총기류는 영국과 거의 같은 값이거나 오히려 더 싸게 구입할 수 있었다. 이것은 1810~1820년대 라이플이 프런티어 지역에서 흔히 사용되었으며, 그만큼 미국에서 총기가 확산되어 대중화가 되었음을 말해주는 대목이다.[45] 실제로 1840년대에 이르러 프런티어 지역에서 총의 수요가 증가하였으며, 당시 성능이 우수한 라이플의 가격은 15~20달러 정도에 구입할 수 있었기 때문에 누구든 원한다면 어렵지 않게 총을 구입할 수 있었다.[46]

감리교 목사인 피터 카트라이트는 1820년 봄 미국 동부 애팔래치안 산맥을 넘어 볼티모어로 여행을 하였는데, 그의 증언에 따르면 당시 총기는 도처에서 흔하게 볼 수 있었으며, 심지어 길가에 놓여 있는 총을 발견할 정도였다고 진술하였다.

산을 타고 내려오던 길에 서부로 이동하는 마차들을 여럿 목격하였다. 나는 마차들이 지나간 후, 잘 손질된 소형 피스톨이 길거리에 떨어져 있는 것을 발견하였다. 총을 확인해 보니, 즉시 발사가 가능하도록 총탄이 장전되어 있었다. 마차로 이동하던 사람들이 부주의로 땅에 떨어뜨린 것

이 분명해 보였다. 나는 동생에게 '이것은 신의 섭리야'라고
외쳤다. 왜냐하면 당시 산을 가로 지르는 길가에는 강도들
이 득실댔으며, 최근 이곳에서 살인과 강도 사건이 자주 발
생하였다는 소식을 들었기 때문이었다.[47]

당시 프런티어 도처에는 항상 위험이 도사리고 있었기 때
문에, 주운 피스톨은 여행 중에 강도들의 위협으로부터 신변
을 보호하는 유익한 도구가 되었다. 카트라이트는 통행료 징
수를 둘러싸고 강도들과 말다툼이 벌어졌으며, 강도들이 "총
을 벗어 놓으라"라고 으름장을 놓았는데, 이런 행위는 "우리
일행을 무장 해제시켜 물품을 빼앗거나 해치려는 의도가 있음
을 보여 주는 것"이라고 기록하였다.[48]

프런티어 여행자들이나 이주자들의 기행문이나 회고록, 그
리고 서신 등을 통해 확인할 수 있듯이, 건국 초기부터 19세
기 중엽에 이르는 기간에 미국에서 총기는 거의 모든 지역, 특
히 서부와 남부 프런티어 지역에서 널리 보급되었다. 프런티
어의 척박한 자연환경, 야생동물이나 인디언의 습격, 그리고
법과 질서가 확립되지 않은 곳인 까닭에 총은 생존을 위한 필
수적인 도구였던 것이다.[49]

총은 외부의 적으로부터 자신과 가족을 방어하는 무기였으
며, 육류 공급을 위한 사냥이나 여가를 위한 사격의 도구였다.
총은 더 나아가 무질서한 프런티어에서 범죄를 막고 법을 집
행하기 위한 수단이 되었던 것이다. 다시 말하면, 총기 문화는

프런티어의 독특한 환경과 역사 발전 과정을 통해 미국적인
생활양식과 가치관으로 형성되었던 것이다.

총기 생산과 기술혁신

앞서 언급한 바와 같이, 미국은 이민의 나라이고 광활한 국
토의 적은 인구로 개척 시대에 살았던 미국인들은 자신과 가
족의 생명과 재산을 지키는 것은 국가가 아니라 자신들의 총
이라고 믿었다. 총은 인디언, 무법자, 야생동물을 물리치고 안
정적인 생활 터전을 이루기 위한 효과적인 수단이 되었다. 그
러나 식민지 시대부터 19세기 초반까지 총기의 대부분은 영국
으로부터 비싼 가격으로 수입되었다.[50] 따라서 신대륙 정착민
들은 물론 독립전쟁 당시 민병들에게조차도 총은 충분히 보급
되지 못하였다. 19세기 중반까지도 총기가 널리 보급되지 못
했는데, 그 가장 큰 이유는 총기 제조 기술이 부족하였기 때문
이었다. 총기는 1830년대까지 일반인들에게 판매되기보다는
군대에 공급하기 위해 생산되거나 특별 고객을 위해 주문생산
의 형태로 제작되었다. 당시 미국에는 총기는 숙련공들에 의
해 수작업으로 제작되었기 때문에 생산량이 적었을 뿐만 아니
라, 가격도 상당히 높았다. 총기의 핵심 부품인 발사 장치와
탄약은 대부분 유럽에서 수입하여 사용하였다.

연방 정부는 독립전쟁 이후 총기 수출을 전면 금지시키고,
외제 총기에 대한 모든 수입 관세를 폐지함으로써 총기의 공

급을 원활하게 하려고 하였다. 수정헌법 제2항이 제정된 이래로 연방 정부는 민병대의 무장과 규율을 위해 노력하였다. 가장 시급한 문제는 민병에게 지급할 무기와 탄약을 충분히 확보하는 것이었다. 그러나 당시에 미국의 무기 생산량은 이러한 정부의 요구를 충족시킬 수가 없었다.

연방 정부는 국내의 무기 수요를 충족시키고자 대규모 군수공장 건립의 필요성을 인식하였다. 그 대표적인 것이 1795년 세워진 매사추세츠의 스프링필드와 1796년 세워진 버지니아의 하퍼스 페리의 군수공장이었다. 스프링필드 공장은 1821~1860년까지는 연평균 1만 3,000정의 총을 생산하였다. 하퍼스 페리 공장은 1801~1842년까지 총 33만 정을 생산하였다.[51] 이것은 대량생산은 아니었지만, 국내 수요를 어느 정도 충족시킬 수 있는 초보적인 생산 시스템은 갖추게 되었다.

조면기의 발명가이며 코네티컷의 총기 제조업자였던 얼라이 휘트니는 총기 생산에 혁신을 불러일으켰다. 휘트니는 1798년 연방 정부와 계약을 체결하고, 자루당 4.40달러의 가격으로 28개월 이내에 구식 소총(머스켓) 1만 정을 납품하여야 했다. 당시까지만 해도 총기는 숙련공이 수공업 방식으로 1정씩 제작하였다. 그러나 휘트니는 상호 호환이 가능한 규격 부품을 기계를 통해 생산·조립하는 방식을 채택하였다. 각 부품의 표준화와 기계화된 공정은 총기 생산량을 크게 증가시켰을 뿐만 아니라, 이 방식은 다른 산업에까지 확대되어 근대적인 대량생산의 기초가 되었다.[52]

연방 정부는 총기 제조업자들에게 자본, 특허권 보호, 전문 기술 지식, 판매 시장 등을 제공하였다. 총기 제조업자들도 자본 축적보다는 유통 시장의 유지와 확대를 위해 정부에 의존하였다. 이러한 총기 제조업의 급속한 성장은 미국인들에게 총기에 대한 관심과 이해를 점차 불러 일으켰으며, 미국에서 총기가 하나의 문화 형태로 정착되는 계기가 되었다.

윈체스터와 콜트

18세기 후반에 이르러 미국은 소총의 양산 시스템을 갖추게 되었는데, 수동식 연발 소총이 처음으로 개발된 것도 바로 이때였다. 이 시기에 '올리버 윈체스터'와 '사무엘 콜트' 등 총기 제조업자들이 나타나 획기적인 성능을 가진 총을 생산해 냈다. 특히 윈체스터는 미국의 최대 총기 생산업체로서 총기 문화의 전국적인 확산에 커다란 역할을 하였다.

윈체스터는 코네티컷의 셔츠 제조업자였던 올리버 윈체스터가 뉴헤이븐에 설립한 총기 생산업체였다. 윈체스터는 재장전 없이 연발이 가능한 소위 연발식 라이플(1866년과 1873년에 각각 개발된 모델 66과 모델 73 등)을 생산하였다. 그 뒤에도 윈체스터는 수십 종의 라이플과 산탄총, 그리고 각종 탄약을 개발하고 판매하였다.

서부개척의 최대 장애물이었던 인디언을 몰아내는 데 일등 공신 노릇을 한 것이 레버로 작동되는 연발 라이플 윈체스터이다. 그래서 윈체스터는 '서부를 쟁취한 총'이라 불리면서 미국 서부개척을 상징하는 무기로 취급된다. 연발 라이플은 혁신적인 총이어서 카우보이와 사냥꾼은 물론, 무법자나 심지어 인디언들에게도 총애를 받았던 총이다.

윈체스터는 미국 서부사에 나오는 중요한 인물들이 모두 사용한 총이었다. 전설적인 열차 강도 제시 제임스와 말년에 콤비를 이루어 미국 전역을 돌며 <와일드 웨스트 쇼>를 공연했던 버팔로 빌 코디와 애니 오클리, 그리고 케스터 장군의 기병대를 몰살시킨 수족 인디언 추장 시팅 볼 등이 모두 이 라이플을 사용하였다. 수많은 웨스턴 영화에 나오는 존 웨인이 들고 다니던 라이플도 윈체스터였다. 존 웨인이 주연한 서부영화 <리오 브라보(Rio Bravo)>(1959)에서 건맨으로 출연한 가수 릭키 넬슨은 라이플을 찬미하는 노래를 다음과 같이 부르기도 하였다.

해는 서쪽으로 지고 소 떼들은 냇가로 내려가네
개똥지빠귀가 둥우리에 몸을 풀면 카우보이가 꿈을 꿀 때지요
진홍빛으로 물드는 계곡이 내가 있을 곳이라네
내 좋은 세 친구들인 라이플과 조랑말, 그리고 나와 함께……

또 다른 총기 제조업자였던 사무엘 콜트는 '평화를 지키는

도구(peace-maker)'라는 이름이 붙은 리볼버(revolver: 회전식 연발 권총)를 처음으로 생산하였다. 리볼버는 특별한 기술이 없이도 재빨리 연발 사격이 가능하였으며, 소형으로 휴대가 간편하여 도시민들에게 자기방어용으로 큰 인기를 얻었다.

콜트는 재치가 넘치는 광고 전략을 통해 총기를 대중화시키는 데 기여하였다. 누구나 평등했던 거친 서부 사나이들의 이미지를 빌린 광고를 대대적으로 펼쳤다. 그는 자신의 회사에서 제조된 총기에 환상적인 들소 사냥 장면이나 총잡이의 멋진 모습을 새겨 넣었다. 한 남성이 단지 콜트의 연발 권총으로 무장한 채 무자비한 인디언 한 무리에 맞서 그의 아내와 아이들을 보호한다는 식의 서부의 공상 이야기들을 담은 광고들을 내보내기도 하였다.

이런 광고 전략은 백인 중산층에게 먹혀들어 갔다. 광고를 통하여 콜트는 수백만 명의 미국인들에게 총을 가지는 것은 더 남성적이며, 더 애국적이라는 메시지를 전달하였다. 콜트는 또한 상당수의 미국인들이 총을 사용하는 방법을 알지 못한다는 것을 알고, 총을 싼 포장지에다가 총 사용법을 프린트하여 홍보하였다. 이 시기부터 서부는 권총을 차고 다니는 카우보이들의 고향

사무엘 콜트와 '피스 메이커'로 불리는 리볼버.

이 되었으며, 가정과 재산을 보호하는 외로운 남성의 이미지
는 미국 정신에 깊이 새겨지게 되었다.[53] 또한 콜트는 사람들
에게 자신의 회사에서 제조된 모든 총기들의 사용법을 담은
인쇄물을 만들어 배포하여 총기에 대한 관심과 구매 욕구를
한층 자극하였다.[54]

남북전쟁과 총기의 확산

미국에서 총기 문화가 널리 확산된 계기가 된 것은 남북전
쟁이었다. 1861년부터 4년 동안 남북의 치열한 접전이 계속되
면서 총에 대한 수요가 급증하였다. 이 기간 동안 400만 정의
총이 생산되었으며, 참전 군인들은 총기 사용에 대해 조직적
인 훈련을 받았다. 작동이 간편하고 성능이 우수한 총들이 나
온 것도 이 무렵이었다. 남북전쟁 동안 미국의 총기 산업은 규
모와 기술면에서 크게 성장하여 대량생산 체제로 돌입하였다.
총은 남북 양측 모두에게 정체성과 투쟁 의지를 나타내는 상
징물이 되었다. 식민지 미국인들을 하나의 국가, 하나의 국민
으로 만들 것이 독립혁명이었다면, 총은 분열된 남북을 하나
의 국가로 다시 탄생시키는 데 기여하였다. 이를 통해 미국인
들은 총은 해결되지 않는 분쟁과 갈등을 풀어내는 하나의 수
단이 된다는 것을 인식하게 되었다. 이것이 바로 독립혁명과
남북전쟁으로부터 얻은 교훈이었으며, 폭력은 갈등 해결의 마
지막 수단이 된다는 것을 인식하게 되었다. 이러한 선과 악의

대결 구도, 카우보이식 해결 방식이 미국인들의 가치관을 형성하게 하였으며, 총이 바로 그 해결책을 위한 도구가 되었던 것이다. 이런 미국의 정신적이며 심리적인 정서는 현재에도 살아남아, 미국이 국제 사회에서 경찰국가로서의 사명 의식을 갖게 한 중요한 유습으로 작용하게 되었다.

전쟁이 끝난 후 병사들은 총을 가지고 귀향하면서 총기 문화는 전국적으로 확산되었다. 총기는 이제 미국인 가정의 거실로 옮겨지게 되었다. 1866년 11월 연방 정부는 정부의 재정 지출을 줄이기 위해 민병들을 해산시켰다. 그리고 민병들이 전역할 때, 자신들의 총과 탄약과 군장, 반합 등을 휴대하고 고향으로 돌아가는 것을 허용하였다.[55] 이로서 총기는 남북전쟁 이후 미국 가정의 한 구성원으로 자리를 잡게 되었다.

1850년대만 하더라도 미국 정부의 경찰력은 취약하였고, 보안관이나 지역 순찰대의 방범 활동에 의존하여 치안을 유지하였다. 당시만 해도 경찰들이 개인적으로 총기를 휴대하는 것은 불법이었다. 그러나 미국에서 총기가 모든 경찰관에게 보급되고, 총이 범인 체포는 물론 과격한 시위대를 진압하는 데 사용되기 시작한 것은 1864년부터였다. 이런 변화의 직접적인 계기가 된 것이 1863년 7월에 뉴욕에서 발생한 징집 폭동이었다.

대부분의 아일랜드계 노동자들은 남북전쟁 시 부당한 징집에 항의하여 징병 사무소가 있는 건물을 파괴하였다. 성난 폭도들은 부유층의 가옥을 습격하거나 약탈을 자행하였고, 특히 흑인들에게는 무차별로 폭행을 가하기도 하였다. 출동한 경찰들은 폭도들을 향해 발포를 하였으나, 성난 시위대를 진압시키기에는 역부족이었다. 시위가 더욱 과격해져 흑인 거주지에 몰려들어 흑인 고아원을 불태우는 등 폭력과 방화가 심각해지자, 시 책임자는 군부대의 동원을 요청하였다. 무장한 군인들이 투입되고 취재진들이 몰려들자, 시위대는 진압 군인들을 향해 총을 난사하였다. 이것이 바로 미국에서 시위대가 진압 군인들에게 직접 총을 발사한 첫 번째 케이스였다.

진압 군인들은 게티즈버그 전투 등에 직접 투입된 정예부대원으로 군중을 향해 무차별 사살을 하여 마침내 폭동은 5일 만에 진압되었다. 많은 사상자들이 불에 타 죽거나 강물에 수장되었기 때문에 사상자의 수는 정확히 파악되지는 않았으나, 이 사건으로 적어도 120명이 사망하였고, 수백 명이 부상을 입었다. 이 사건은 그 때까지 미국 역사에서 가장 피비린내 나는 폭동으로 기록되었다.[56] 이 사건을 계기로 연방 정부는 국내의 치안 유지와 범법 행위에 대한 효율적인 집행을 위해 미국 전역에서 경찰의 총기 휴대를 보편화하였다. 총기를 소유한 시위 군중과 이에 대항하기 위한 경찰관들의 총기 휴대는 이미 보편화된 총기 문화를 미국 사회 구석구석 깊이 침투하게 하였다.

남북전쟁 전에는 총을 사용한 살인이나 자살이 드물었다. 살인의 경우 주로 도끼나 칼이 사용되었으며, 자살의 경우 목을 매다는 방법이 대부분이었다. 그러나 남북전쟁 후에는 총기의 확산으로 살인과 자살률도 급격히 증가하였을 뿐만 아니라, 살인이나 자살 모두 총기를 이용한 경우가 대부분이었다. 더욱이 리볼버 권총은 소형이여서 남의 눈에 띄지 않게 몸에 숨기기 쉽고, 언제 어디서나 사용하기가 쉽기 때문에 특히 도시 지역에서 폭력과 범죄의 도구로 사용되었다.[57]

1860년대 들어서면서 공장의 일괄 작업대에서 총기가 대량 생산되었으며, 가격 또한 저렴하여 총기가 널리 보급되었다. 이때가 총기 생산이 최고조에 이르렀던 시기였다. 1865년 미국 정부는 성능이 뛰어난 라이플이 계속 생산되어, 250만 정의 구식 머스켓 총이 쓸모없게 되자, 이 총들을 시장에 풀어 놓아 중고 총의 값은 물론 모든 총기류가 저렴한 가격으로 유통되게 되었다. 총기의 대량생산과 구식 총의 덤핑 처리로 총기류 값은 더욱 싸졌고, 미국인들은 누구나 총을 쉽게 구입할 수 있게 되었다. 1870년대에 이르러 미국은 마침내 총기 수입국에서 수출국으로 변화되었고, 이후 계속하여 세계 총기 시장을 주도하는 국가가 되었다.[58]

이런 총기 확산과 함께 미국 도처의 카운티나 타운 단위로 라이플 클럽이 생겨 사격 연습이나 사냥이 성행하게 되었다. 특히 상류층 미국인들을 중심으로 영국 젠트리 계층을 본받아 사격과 사냥을 즐겼고, 총을 자신의 사회적 신분을 나타내는 상징으로 삼기 시작하였다.

총기의 대량생산으로 남북전쟁 이후 총의 가격은 더욱 하락하여 1890년대에 이르러 모든 사람들이 총을 소유할 수 있게 되었다. 특히 '자살용'으로 불리는 권총은 많은 인기를 끌었다. 당시 권총은 직장인의 하루치 급여 수준으로 모든 미국인들이 원한다면 누구든 총을 가질 수 있게 되었다. 총은 이제 몸에 숨겨 다닐 만큼 크기도 작아져, 자기방어의 차원을 넘어 살인과 자살의 도구로 사용되었다. 그 결과 살인과 자살률도 급격히 증가하였다. 또한 권총은 사은품이나 경품으로 주어지기도 하였다. 1879년에 한 종교 잡지사는 그들의 잡지를 구독하는 모든 사람들에게 권총을 제공하기도 하였다. 이 행사는 폭발적인 인기를 끌어 많은 성직자들이 총을 얻기 위하여 구독하기도 하였다.[59]

서부문학과 서부영화, 그리고 카우보이

앞서 살펴본 바와 같이 총기 문화는 식민지 정착 이후부터 서부개척 시대를 거치면서 미국인들의 생활과 문화적 유습으로 자리를 잡게 되었다. 그러나 이러한 총기 문화를 국민적 정서로 확산시키는 데는 미국의 문학과 영화 등 대중매체가 중요한 역할을 하였다.

서부영화를 보면 저마다 권총을 차고 인디언이나 무법자로부터 자신의 가족과 재산을 지키려고 무장한 총잡이들을 흔히 보게 된다. 이러한 서부개척 시대의 모험담은 미국의 대중문학에서 가장 인기 있는 소재가 되었다. 미국의 낭만주의 작가인 제임스 페니모어 쿠퍼는 『개척자들』(1823) 『모히칸족의 최

후』(1826) 『대평원』(1827) 『길잡이』(1840) 그리고 『밀렵자』(1840)
등 소위 5편의 '가죽장화 소설(leatherstocking novels)'을 통해 프런
티어를 배경으로 낭만적이며 역동적인 서부개척자들의 삶과
모험을 묘사하였다.60) 이들 작품들은 유럽 문화의 이식이 아
닌, 미국 프런티어의 자연을 배경으로 문명과 야만, 원시림과
정착촌, 개인의 자유와 공동체의 질서 사이의 대립과 조화라
는 주제를 다룬 작품들이다.

미국 서부문학의 효시로 꼽히는 『모히칸족의 최후』는 미국
이 독립하기 직전 뉴욕 주의 조지 호수와 허드슨 강 상류를
무대로 인디언 모히칸족의 마지막 후예와 그들의 손에 의해
키워진 백인 청년의 모험과 투쟁 그리고 사랑을 그린 대작이
다. 미국의 초기 프런티어의 역사(영국과 프랑스 간의 식민지 지배권
을 둘러싼 전쟁, 개척민과 인디언과의 갈등과 투쟁 등)가 고스란히 녹아
있는 이 소설은 후에 수차례 영화와 TV 드라마로 만들어져
일반 대중의 서부에 대한 관심과 향수를 느끼게 하였다.

19세기 후반 서부개척 시대를 살았던 미국인들은 자신의
기억과 마음속에 각기 다른 모습의 카우보이를 그리고 있었
다. 이렇게 사람들의 생각 속에 흩어져 있던 카우보이의 존재
가 소설가 오웬 위스터에 의해 미국인 모두가 공감할 수 있는
전형적인 모습으로 구체화되었다. 1860년 필라델피아에서 태
어난 위스터는 청년 시절 프런티어를 여행하면서 서부의 자연
환경과 토양, 그리고 이곳 사람들의 생활과 전승 문화에 매료
되었다. 그는 이러한 서부에서의 다양한 경험과 생각을 일기

로 기록하였으며, 이를 바탕으로 1902년 최초의 카우보이 소설 『버지니아인』을 저술하였다.[61]

위스터는 『버지니아인』에서 '악에는 당당히 맞서지만 자존심과 명예를 지키려는 고독한 카우보이'의 모습을 그리고 있다. 흙먼지가 자욱한 거리에서 일정한 거리를 두고 적대적인 두 사람이 명예를 걸고 당당히 총을 뽑는 장면이 나오는데, 이것이 이후 고전 서부극에서 자주 등장하는 결투 장면의 기원이 되었다. 위스터에 의해 창조된 카우보이의 특성(거칠고 자유분방하며, 의협심이 강하고, 명예를 죽음보다 중요하게 여기는 신념)은 이후 다른 소설이나 영화 속에서 나타나는 카우보이의 전형적인 모습이 되었다. 위스터의 작품은 출간한 지 8개월 만에 14번이나 찍어낼 정도로 큰 호응을 불러일으켰다. 이 소설은 후에 수차례 각색되어 영화와 TV 드라마로 만들어져 서부와 카우보이에 대한 서정적인 향수를 불러 일으켰다. 위스터의 딸은 아버지의 소설 『버지니아인』이 미국 역사에 미친 영향에 대하여 다음과 같이 언급하였다.

아무도 이 소설이 수많은 서부인들이 모델로 삼게 될 카우보이의 이상적인 모습을 만들어 냈다는 사실을 깨닫지 못하였다. 소설속의 카우보이는 일반 대중들의 상상력을 사로잡은 최초의 카우보이였으며, 수백만 명의 젊은 여성들이 사랑에 빠져들게 한 인물이었다. 준수한 외모에다가 인간적이며 유머 감각도 있었다. (중략) 『버지니아인』의 카우보이는 민간전승의 이야기에 나오는 카우보이의 원형이 되었다. 어린아이들은 유행처럼 카우보이모자를 쓰고 장난감 권총을 허리에 차고 다니며, 자신이 카우보이라도 된 것처럼 행동하였다. 이 소설 하나가 모든 사람들의 마음속에 영원히 각인될 서부의 역사와 전통을 만들어 냈던 것이다. 자존심과 명예를 지키고, 사랑하는 연인을 보호하며, 정의를 위하여 불의한 악당에게 총을 뽑아 대는 카우보이의 영웅적인 행동이 이후 수많은 서부 소설이나 영화, 라디오와 TV 드라마로 각색되었다. (중략)『버지니아인』은 단순히 작가의 상상력이 만들어낸 허구의 이야기이지만, 미국의 역사와 가치관을 창조해 낸 작품이었다.[62)

서부의 총잡이와 할리우드 액션영화

서부개척 시대 최초의 여성 슈퍼스타는 애니 오컬리였다. 오컬리는 오하이오 주 한 농촌 마을에서 태어나 고아로 불우한 삶을 살았지만, 명사수로서 세계적인 명성을 얻은 전설적인 인물이었다. 그녀는 이미 12세 때 달아나는 다람쥐의 머리를 정확히 관통시킬 정도로 뛰어난 사격술을 보여 주었다. 그녀는 소총(.22 caliber rifle)으로 27미터 떨어진 과녁의 한가운데를 정확히 맞추었다. 그녀의 사격 기술은 공중에 카드를 날려 땅에 닿기 전에 5~6개의 구멍을 내어, 카드를 반으로 자를 수 있을 정도였다. 오컬리는 1885년부터 전국을 순회하며 공연한

서부영화 포스터와 영화 〈역마차〉의 한 장면(상), 서부개척 시대의 건맨의 모습(하).

<버펄로 빌의 와일드 웨스트 쇼>에서 현란한 총 솜씨로 대중의 인기를 한 몸에 받았으며, 당시 미국인들로 하여금 사격에 대한 관심과 흥미를 불러일으키는 데 커다란 영향을 끼쳤다. 그녀의 이야기를 소재로 한 『애니여, 총을 들어라』는 영화와 뮤지컬로도 상영되어 폭발적인 인기를 모았다.[63]

황야를 가로지르는 말과 마차, 대평원을 질주하는 버펄로 무리를 쫓는 인디언, 수천 마리의 소 떼를 몰고 다니는 카우보이, 돈과 황금을 위해 아무 데나 총을 쏘아 대는 총잡이, 그리고 일확천금을 꿈꾸는 노다지꾼, 무법자와 이를 쫓는 보안관의 대결…… 이런 것들을 소재로 한 서부극의 모험과 낭만,

그리고 격식을 벗어난 자유는 많은 미국인들에게 서부가 곧 미국인 정신적 고향이라는 가치관을 심어 주기에 충분하였다. 피스톨로 무장하고 악한을 쳐부수는 영웅적인 서부극의 이야기는 수천 명의 사람들을 매혹시켰고, 미국에서 총기 문화가 뿌리를 내리는 데 커다란 역할을 하였다.

20세기 들어서도 <대열차 강도>(1903), 존 웨인을 서부극의 우상으로 만든 <역마차>(1939), 보안관이 무법자를 상대로 외로이 목숨을 건 결투를 벌이는 <하이 눈>(1952) 등이 미국인들에게 서부의 향수를 불러일으키며 흥행에 성공하였다. 서부 야생지의 서정적인 풍광을 배경으로 펼쳐지는 인디언과 백인 정착민, 총으로 무장한 무법자와 보안관, 그리고 카우보이 등이 등장하는 서부영화는 당시 미국인들에게 폭발적인 인기를 끌어 서부영화가 널리 대중화되는 계기가 되었다.64)

서부개척자나 카우보이, 그리고 정의로운 보안관들을 소재로 한 문학 작품에 이어, 1910년대에는 미국 영화 산업 발달에 힘입어 갱(gang)영화가 출현하기 시작하였다. 1912년 처음 시작된 갱영화는 1920년대 금주법 시대를 거치면서 1930년대에 이르러 전성기를 구가하였다. 갱영화는 당시 실존 인물이었던 알 카포네의 등장, 1929년 성 발란타인 대학살 사건, 뉴욕이나 시카고 등 대도시에서 벌어진 범죄 조직 간의 치열한 총격전 등 당시의 시대·사회적인 분위기에 힘입어 폭발적인 인기를 끌었다. 이러한 갱영화들은 '거들먹거리며 공갈 협박하고, 잔인하고 교활한 수법으로 법질서에 도전하는 주류 밀

매업자나 도시 갱단'을 주요 소재로 다루었다.[65]

제2차 세계대전이 발발과 함께 할리우드는 전쟁이라는 국
가적인 당면 과제를 맞이하여 미국인들의 단결과 애국심을 고
양시키는 영화를 제작하였다. 과거 황야에서 외롭고 거친 삶
을 살았던 카우보이나 조직을 위해 무장한 갱단의 무용담은
이제 국민적 화합과 애국심을 강조하고, 개인적인 가치보다는
집단의 단결을 강조하는 전쟁영화로 대체되었다. 당시의 전형
적인 전쟁영화는 다양한 인종으로 이루어진 전투 요원들이 분
대나 소대 단위를 형성하여 막강한 인원과 장비를 소유한 적
군에 대항하여 눈부신 전공을 세우는 것을 주요 내용으로 하
였다.

20세기 후반 할리우드는 여전히 총과 폭력을 소재로 한 영
화를 제작하여, 수많은 영웅과 악당을 만들어 냈다. <보니와
클라이드>(1967)나 <대부>(1972)와 같은 영화에서는 악명 높
은 범죄자를, <더티 하리>(1971)와 <로보캅>(1987)에서는 법
과 정의를 지키는 영웅의 모습을 만들어 냈다. 이어 1970년대
에는 베트남전쟁을 배경으로 한 영화가 제작되어 많은 관객으
로부터 공감을 얻었다. <택시 드라이버>(1976)와 <지옥의 묵
시록>(1979)과 같은 영화에서는 전후 참전병들이 보호시설에
서 사회 복귀를 위해 훈련 과정을 거치지만, 현실에 적응하지
못하고 점차 광인이 되어 버린 귀환병들의 이야기를 담고 있
다. <귀향>(1978)과 <사슴 사냥꾼>(1978)은 전쟁의 상흔으로
육체적, 정신적으로 고통 받는 전역병들의 처절한 삶을 사실

적으로 묘사하였다.[66]

이후 액션 영화는 할리우드 영화의 상당 부분을 차지하며 영웅적인 총잡이들을 때로는 사실적으로 때로는 환상적으로 그려냈다. <두건을 쓴 보이지>(1991)나 <사회에 대한 협박>(1993)과 같은 1990년대 영화는 대도시에서 발생하는 폭력과 범죄물을 다루어 살인과 위협의 도구로 사용되는 총기의 부정적인 면을 부각시키기도 하였다.

현재에도 미국의 대중문화를 선도하고 있는 영화, 텔레비전, 음악, 서적, 잡지 등에서 총과 폭력, 그리고 전쟁은 중요한 소재로 등장하고 있다. 특히 대중적인 영향력이 큰 텔레비전의 경우 섹스 관련 영상이나 음란물 등은 엄격히 규제가 되는 반면, 총격 사건이나 범죄 장면은 비교적 제약 없이 사실적으로 표현하고 있다.[67] 이런 영화를 통해 전 세계 사람들은 자연스럽게 미국은 카우보이의 나라이며, 총에서 뿜어 대는 힘과 정의가 미국의 이미지라는 인상을 갖게 만들었다. 미국인들의 총기 소유에 집착적인 생각은 미국의 오랜 역사적 배경과 함께 대중매체의 확산으로 국민적 정서와 공감대가 형성되면서 하나의 문화 형태로 자리 잡게 되었다.

총기에 대한 통제는 불가능한 일인가?

총기를 규제하는 국가들

미국 이외도 총기 소유를 허용하는 국가는 상당수에 이른다. 스위스의 경우 성인 남성은 법에 의해 다양한 무기를 보유할 수 있다. 이것은 스위스가 산악 지형이여서 전쟁 등 유사시 신속히 무장할 수 있도록 하기 위한 것이다. 스위스는 국가 차원에서 개인의 총기 보유를 적극 지원하지만, 총기 관련 범죄는 거의 발생하지 않는다. 총기 등록을 의무화하고 총기를 휴대하고 집 밖으로 나갈 때는 신고를 해야 하기 때문이다.

세계의 분쟁 지역의 하나인 이스라엘의 경우도 스위스와 유사한 제도를 채택하고 있다. 이스라엘 사람들은 각 가정에

기관총을 비롯한 각종 무기를 소유하고 유사시에 대비하고 있다. 그러나 준전시 상태인 이스라엘의 경우도 미국과 비교할 수 없을 정도로 총기 범죄율이 낮다.

호주에서는 1973년부터 국가적으로 총기 규제를 실시하고 있다. 총기별로 면허증을 발급하고 있으며, 엽총이나 소총의 휴대는 허용하나 권총의 휴대는 금하고 있다. 호주에서는 2000년에 규정에 어긋나게 보유한 총 66만 정을 회수한 후에는 총기 사고가 현저히 줄어들었다. 남미 국가들도 민간인이 총기를 소유할 수 있도록 하되, 총기 등록제를 실시하여 총기의 불법 거래나 이로 인한 사고를 사전에 방지하고 있다.

그렇다면 미국은 어떤가? 미국은 소총이건 권총이건 원한다면 소유하고 휴대할 수 있는 유일한 나라이다. 총기 등록제를 실시하지도 않으며, 총기 구입 시 신원 조회도 형식적이다. 미국에서 강력 범죄가 끊임없이 발생하고, 총기로 인한 사망자의 수가 갈수록 증가하는 이유가 바로 여기에 있다. 다음의 도표에서 보듯이, 미국은 총기 보유 가정 비율(41퍼센트)과 총기사고 사망자(인구 10만 명당 13.47명)가 세계에서 가장 높은 국가로 나타나고 있다.

총기 규제 법안의 채택과 그 실효성

1963년 케네디 대통령이 텍사스 주 달라스에서 '리 하비 오스왈드'에 의해 살해되는 충격적인 사건이 발생하였다. 이

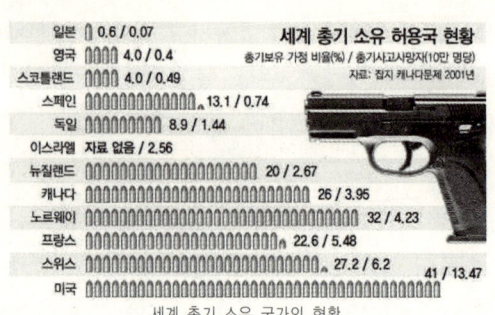

	총기보유 가정 비율(%) / 총기사고사망자(10만 명당)
일본	0.6 / 0.07
영국	4.0 / 0.4
스코틀랜드	4.0 / 0.49
스페인	13.1 / 0.74
독일	8.9 / 1.44
이스라엘	자료 없음 / 2.56
뉴질랜드	20 / 2.67
캐나다	26 / 3.95
노르웨이	32 / 4.23
프랑스	22.6 / 5.48
스위스	27.2 / 6.2
미국	41 / 13.47

세계 총기 소유 허용국 현황
자료: 잡지 캐나다문제 2001년

세계 총기 소유 국가의 현황.

어 1968년에는 케네디의 친동생이며 당시 민주당의 유력한 대통령 후보였던 로버트 케네디 상원의원이 암살되었다. 같은 해 흑인 민권 운동가였던 마틴 루터 킹 목사도 총격으로 쓰러졌다. 연이은 유명 인사들의 암살 사건으로 총기를 규제해야 한다는 여론이 확산되었다. 그 결과가 1968년 채택된 '총기 규제법'으로 나타났다. 그러나 이 법안은 단지 총을 구입할 수 있는 연령을 장총은 18세, 권총은 21세 이상인 성인으로 제한하는 것이 고작이었다.

한 발 더 진전된 총기 규제법이 제정된 것은 1981년 레이건 대통령과 성 바오로 교황의 암살 미수 사건이 있은 후에 마련되었다. 1981년 3월 레이건 대통령은 정신질환자인 존 헝클 리가 쏜 22구경 총에 맞았지만 기적적으로 살았고, 성 바오로 교황은 광신적인 회교도에게 총탄을 맞았지만 목숨을 잃지는 않았다. 미국 근대사에게 가장 대중적인 인기를 누렸던 레이건 대통령과 종교계에서 가장 영향력이 있는 교황의 암살

링컨 대통령의 암살 장면(좌), 총기에 의해 암살된 링컨, 케네디 그리고 존 레논(우).

미수 사건은 총기 규제의 필요성을 재차 확인시켜 주었다.

세계 언론이 집중 조명되는 미국의 백악관에는 '브래디 룸'이라는 브리핑 실이 자리 잡고 있다. 레이건 대통령 재임 시절 공보 비서인 제임스 브래디의 이름을 딴 것이다. 그는 레이건 대통령 암살 기도 현장에서 헝클리가 쏜 총탄에 머리를 맞아 결국 하반신 불구가 되었다. 퇴임 후 브래디는 새로운 총기 규제법의 제정을 위한 전도사를 자임하고 나섰다. 오랜 진통 끝에 1994년 그이 이름을 딴 소위 '브래디법'이 채택되었다. 미국총기협회를 비롯한 총기 규제 반대 세력과의 힘겨운 싸움으로 이 법안이 의회를 통과하는 데 무려 7년이라는 긴 시간이 걸렸다.

브래디법은 총기 구입자의 신원 조회를 위해 5일간의 대기 기간을 의무화하였다. 또한 총기 구입 예정자가 경찰이 수배하고 있는 범죄자가 아닌지, 불법 체류자가 아닌지, 혹은 정신 이상자가 아닌지 배경 조사를 하도록 요구하였다. 이 법은 신원 조사를 용이하게 하기 위하여 컴퓨터에 입력된 범죄 기록을 업그레이드하도록 주 정부에 예산을 지원한다는 내용도 포함하였다.

그러나 이 법안은 실효성에서 적지 않은 문제점이 노출되었다. 브레디법에 따르면 총기 구입자의 신원 조회를 연방 정부의 인가를 받은 공식 딜러 매장에서만 실시하도록 하였다. 문제는 총기 유통의 40퍼센트 이상이 2차 시장에 의한 무자료 거래라는 데 있었다. 미국 전역에서 1년에도 수백 회 이상 열리는 총기 쇼나 벼룩시장 등에서는 신분 조회조차도 하지 않는다. 다시 말하면, 정부에서 허가받은 매장만 피하면 샷건, 라이플, AK-47 자동소총까지 모든 종류의 총기가 구입 가능하다는 소리다. 브래디법은 1997년 전과 조회가 위헌이라는 대법원의 판결로 그나마 있으나마나 한 규제가 되어 버리고 말았다. 10년 동안만 시한적으로 채택된 이 법안은 2004년 시한이 만료되어 결국 폐기되고 말았다.

1989년 1월 캘리포니아 주 스톡턴의 한 학교에서 AK-47 자동소총으로 무장한 범인이 운동장에서 놀고 있던 학생들에게 총을 난사한 사건이 발생하였다. 이 사건으로 5명이 사망하고 29명이 부상을 당하였다. 이에 대한 대응 조치로 연방의회는 1990년 학교 구역 경계선 안에서 총기 소지를 금지하는 '학교지역 총기휴대금지법'을 제정하였다.

이 법안이 채택된 이후, 텍사스 주 샌안토니오에서 12학년 학생이 38구경 권총과 총탄 5발을 들고 등교하다가 체포된 사건이 발생하였다. 이 학생은 학교지역 총기휴대금지법이 위헌이라며 대법원에 항소를 제기하였다. 소위 1995년 '미합중국 대 로페즈(United States v. Lopez)' 판결에서 대법원은 이 법안에 대하여 5대 4로 위헌 판결을 내렸다. 물론 법안은 곧 폐기되었다. 판결 이유는 연방의회의 권한이 각 주에서 주법(州法)으로 규제하고 처벌할 수 있는 한계를 뛰어넘는 것은 부당하다는 것이었다.

1994년 연방 의회는 폭력 범죄를 통제하기 위한 목적으로 시효 기간을 10년으로 한 소위 '공격무기금지법'을 제정하였다. 이것은 범죄자들이 종종 경찰들보다도 성능이 뛰어나고 강력한 무기를 사용하는 것을 막기 위한 조치였다. 이 법안이 채택되게 된 배경은 캘리포니아 스톡과 텍사스 칼렌에서 발생한 총기 난동 사건이었다. 특히 칼렌에서는 범인이 자동소총을 무차별 난사하여 23명이 사망하고 20명이 넘는 부상자를 낳아 폭력 범죄의 심각성을 노출시킨 사건이었다. 미국총기협회는 공격무기금지법이 채택되는 것을 막기 위하여 대대적인 로비를 전개하였다. 그러나 당시 의회를 장악하고 있던 민주당과 클린턴 행정부의 적극적인 지지로 이 법안은 결국 통과되었다.

그러나 곧 부작용이 뒤따랐다. 공격무기금지법에서는 권총의 장탄수를 10발 이하로 규제하였다. 이에 대응하여 총기제조사들은 어차피 총탄수를 적게 넣어야 한다면, 더 강력하고 두꺼운 총탄을 넣을 수 있게 구경이 큰 총을 생산해 내기 시작하였다. 소비자들도 이러한 고성능의 총기를 더 선호하였고,

판매량도 급증하였다. 오히려 살상의 효과가 더 큰 총기를 만들어 낸 꼴이 되었다. 더욱이 이 법안은 브래디법과 마찬가지로 시효 기간이 10년으로 제한되어 2004년 결국 폐기되고 말았다.

더욱 강화된 총기 규제법의 필요성이 제기된 것은 1999년 4월 콜럼바인 고등학교 총기 난동사건 직후였다. 사건 직후인 5월 14일 어머니날에는 총기 규제를 강력히 요구하는 '100만 어머니 행진'이 60개 주요 도시에서 동시에 진행되었다. 이 시위의 목적은 총기 규제 법안을 강력히 촉구하기 위한 것이었다. 정치권도 사태의 심각성을 깨닫고 행동에 나섰다. 당시 빌 클린턴 대통령은 총기 등록제를 실시하려 하였으나, 미국 총기협회와 총기 제조업체들이 수정헌법 제2조에 반한다며 거세게 저항하는 바람에 수포로 돌아갔다.

또한 2004년 봄 뉴욕에서 열린 민주당 선거자금 모금 행사에서 엘 고어 부통령은 총기 관련 사건과 사고, 자살 등 총기 남용을 막기 위하여 총기 구입자에 대해 사진을 첨부한 면허증 발급을 의무화하는 법 제정의 필요성을 강조하였다.[68] 차가 있으면 운전 면허증이 있듯이, 총을 소지하려면 면허증이 있어야 한다는 것이다. 안전 교육을 실시하고 총기를 소유할 수 있는 조건이 충족될 때, 총기 면허증을 발급한다는 것이었다. 이것은 누가 총을 구입했는지 기록에 남기 때문에 총기 사건과 사고에 대한 책임도 물을 수 있는 장점이 있었다.

사실 총기 소유를 인가하고 등록을 의무화하는 법안이 채택된다면 총기 관련 범죄나 사고가 크게 줄어들 것이 분명하다. 이것은 스위스, 이스라엘, 호주 등이 총기 등록제를 실시하여 총기 사고를 크게 줄인 예에서도 확인할 수 있다. 그러나 이 제도 역시 말만 무성했지 실제로 입법화되지는 못하였다. 여기에는 총기 소유를 지지하는 여론과 미국총기협회 등 총기 규제를 반대하는 세력의 로비가 작용했음은 말할 나위가 없다. 다만, 군대용으로 살상을 주목적으로 만들어진 고성능 자동소총의 판매를 제한하는 법만 통과되었다. 그러나 이 법안도 주 정부가 알아서 해야 할 사안이기 때문에 일부 주에서만 법안이 발효되었지 미국 전체 50개 주에 적용되는 법이 아니었다. 따라서 마음먹고 화력이 강한 총을 사려면 얼마든지 살 수 있는 허점이 있었다.

이후 연방 정부나 주 정부 차원에서 수차례 총기 규제를 위한 조치들이 취해졌지만, 가시적인 결실을 맺지 못하였다. 최근 샌프란시스코는 시내에서 총기 휴대를 규제하는 법을 주민투표로 통과시켰지만, 미국총기협회의의 무효 소송에 휘말려 곧 철회되었다. 허리케인 '카트리나'가 뉴올리언스를 닥쳤을 때, 당시 뉴올리언스 경찰은 사고 예방을 위해 주민들의 총기를 압수하는 조치를 취하였다. 그러나 이에 대하여 미국총기협회가 즉시 소송을 제기했고, 비상사태하에서도 총기를 압수할 수 없다는 루이지애나 주법이 제정되었다. 뒤이어 연방의회는 연방 정부 이하의 모든 지방 정부가 비상사태하에서도 합법적인 무기는 압수할 수 없다는 법률을 통과시켰다.

1994년 공격무기금지법이 채택되는 데 주도적인 역할을 했던 민주당은 1994년 2월 중간선거에서 12년 동안 장악했던 의회 권력을 공화당에게 넘겨주어야 했다. 선거 직후 클린턴 대통령은 총기업체들의 로비 때문에 패배하였다고 한탄하였다. 콜럼바인 고등학교 총기 난동 사건 직후 치러진 2000년 대선에서 엘 고어 당시 민주당 대통령 후보는 좀 더 실효성이 있는 총기 규제 법안을 추진하려 하였다. 그러나 이것은 막강한 영향력을 지닌 미국총기협회의 반감을 사는 공약이었고, 75퍼센트 이상이 총기 소유를 지지하는 미국인들의 감정에 반하는 것이었다. 결국 2000년 대통령 선거에서 미국인들은 전통적으로 총기 소유에 너그러운 공화당 부시 후보를 선택했다. 그리고 부시 행정부의 애쉬 크로포드 법무장관은 총기 소유는 개인의 권리라는 입장을 재확인해 주었다.

"총기 소유 금지는 위헌"

수정헌법 제2조에 언급된 총기 소유권에 대한 해석은 국민의 권리 중에서도 가장 논쟁이 되고 있는 조항의 하나이다. 대법원은 표현의 자유나 범죄 혐의자를 보호하는 권리와는 달리 무기 소유권에 대해서는 별로 다루지 않았다. 따라서 충격적인 총기 사건이 터질 때마다 여론은 총기 소유의 문제점을 지적하고, 더 나아가 헌법이 총기에 대한 행정적인 규제를 허가하고 있는지, 그리고 그럴 경우 어느 선까지 허가해야 하는지에 대해 지속적인 논쟁이 벌어지고 있다.

총기 규제에 대한 논쟁은 양측의 논리가 서로 날카롭게 대립되어 엄청난 열기를 유발하지만, 해결될 가능성은 거의 보이지 않고 있다. 총기 규제론자들은 이 조항에서 주체는 개개인의 사람이 아니라, 집단으로서의 민병대라고 주장하고 있다. 즉, '규율을 갖춘 민병대'가 정부의 통제하에 집단적으로 총기를 보유하는 것을 의미하는 것이지, 개인의 총기 소유를 허락한 것이 아니라는 것이다. 반면, 총기 옹호자들은 총기를 소유하고 휴대할 수 있는 것은 '국민의 권리'라고 해석한다. 이러한 '국민의 권리'는 수정헌법 제1조, 제3조 그리고 제4조에서 제10조까지의 조항에서도 나타나며, 이것은 민병대와 같은 집단적인 조직체가 아닌 국민 개개인의 자유를 보장하기 위한 것이라고 주장한다. 따라서 총기 소유는 헌법에 명시된 국민의 기본권이며, 그 어떤 이유로든지 이를 침해할 수 없다는 것이다.

'미국에서 개인의 총기 소유는 합헌인가?' 하는 문제와 관련하여 2008년 6월 26일 미국 대법원 판례(District of Columbia v. Heller)를 주목할 필요가 있다. 이것은 무장 경비대 소속의 딕 앤서니 헬러(당시 66세)가 총기를 가정에서 소유하는 것을 금지한 워싱턴 D.C.의 조치에 반발하여 제기한 소송이었다. 이 소송의 중요성은 국민의 총기 소유권을 규정한 수정헌법 제2조에 대하여 미연방 대법원이 역사상 처음으로 유권해석을 내린 데 있었다. 사법부는 수정헌법 제2조가 비준 발효된 1791년 이후 이래로 한 번도 결론적인 해석을 내린 적이 없었다.

워싱턴 D.C.는 1976년 총기 규제법을 채택하여 이후 32년간 샌프란시스코, 시카고 등과 함께 개인의 총기 소지를 가장 엄격히 규제하는 정책을 펴 왔다. 즉, 1976년 총기 규제법이 발효되기 이전에 이미 개인적으로 소지한 것이 아니면, 새로운 총기를 소유하는 것을 금지하였다. 또한 집안에 총기를 소지한 경우라도 등록을 하고, 실탄을 장전하지 않거나 방아쇠 잠금장치를 설치하는 경우에 한하고 있다.

워싱턴 당국이 내세운 총기 규제의 근거는 수정헌법 제2조에 명시된 무기 소유권을 일반 개개인의 시민이 아니라, 경찰 및 보안군의 '집단적 무기 소지권'으로 해석한 데 있었다. 따라서 수정헌법 제2조가 보장하고 있는 총기 소유권을 개인에게까지 인정할 수 있느냐 여부에 대해 대법원이 구체적인 판결을 내린 것은 이번이 처음이었다. 연방 대법원은 워싱턴 D.C.가 개인의 총기 소유를 금지하는 것은 수정헌법 제2조의 정신에 배치되는 것으로 위헌이라고 5(보수파) 대 4(진보파)로 판결하였다.[69]

총기 소유 합헌 결정을 내린 안토닌 스칼리아 대법관은 이번 판결에 찬성한 다른 4명의 대법관을 대표한 결정문에서 "이 나라에서 벌어지고 있는 총기 사건의 심각성을 잘 알고 있으나, 미국의 헌법은 개인이 가정에서 정당방위를 위한 총기 소지나 총기 사용을 절대적으로 금지하도록 허용하지 않는다"라고 지적하였다. 즉, 총기 소유는 헌법으로 보장된 미국인

총기 소유를 금지하는 것은 위헌이라는 연방 대법원의
판결과 5대 4로 갈린 대법관들의 모습.

개개인의 고유 권한이라는 것이다.[70] 그는 이어서 "각 지방
정부들의 고민은 이해하지만 헌법을 어겨서는 안 된다"라고
강조하였다. 그는 이번 판결이 범죄자들이나 정신 이상자들의
총기 소유를 허용하는 것은 아니며, 학교나 정부 건물 등에서
총기 소지 금지에 의문을 제기하는 것으로 비쳐서도 안 된다
고 밝혔다.

대법원의 이번 판결로 개인의 총기 소유를 불허하였던 워
싱턴 D.C. 등 주요 대도시들이 비상에 걸려 있다. 워싱턴 D.C.
의 에이드리안 펜티 시장은 "권총이 많으면 많을수록 더 많은
폭력 사태가 일어날 것"이라고 우려하였다. 워싱턴 당국은 엄
격한 총기 소유 제한 정책을 펴고 있는데도 불구하고 지난 32
년간 8,400여 명이 총격으로 숨졌다. 샌프란시스코 시장도

"대법관들이 일주일만 정부 보조 주택에서 살아 봤다면 그 같은 결정을 내리지는 않았을 것"이라고 강한 불만을 표시했다. 하버드대 법과 대학원 로렌스 트라이브 교수는 AP통신과의 인터뷰에서 "이번 판결로 미국 전역에서 각 지방자치 단체장들에 대한 소송이 봇물 터지듯 제기될 것"이라고 전했다.

부시 대통령은 이날 "대법원의 판결을 환영한다"라고 밝혔다. 그는 개인의 총기 소유는 헌법에 보장된 권리라는 입장을 밝혀 왔다. 이번 대통령 선거에 출마하였던 공화당의 존 매케인과 민주당의 버락 오바마 후보 모두 대법원의 판결에 찬성 표시를 하였다. 오바마의 찬성 입장은 매케인보다 신중한 편이지만, 전통적으로 총기 소유를 반대해 온 민주당의 당론에는 사실상 배치되는 것이다. 이것은 미국 내의 총기 소유를 지지하는 사람들이 다수라는 점을 감안한, 다분히 대선 표를 의식한 입장이라는 해석이 나오고 있다.

미국총기협회

미국에는 변호사협회, 의사협회, 자동차 노조, 전국 유색인 지위향상 협회, 그린피스와 같은 이익단체들이 활발히 움직이고 있다. 그러나 어떤 이익단체보다도 막강한 조직과 자금력을 갖추고 커다란 영향력을 행사하는 것이 미국총기협회(NRA, National Rifle Association)이다. NRA는 총기 규제에 대한 논의가 있을 때마다 총기 소유의 정당성을 적극 대변해 왔다. NRA는 유엔이 지정한 비정부기구로 공식 인정을 받고 있으며, 미국뿐만 아니라, 캐나다나 브라질에서도 총기 규제 반대 운동을 지원하고 있다. NRA는 2001년 5월 「포천」지가 미국에서 가장 영향력이 있는 이익단체 1위로 선정하기도 하였다.

NRA는 1871년 윌리엄 처치와 조지 윈게이트 등 남북전쟁 당시 북부 출신 장교들을 중심으로 창설되었다. NRA는 남북전쟁이 끝나고 평화 시기가 오면서 민간인의 총기 사용과 소지를 금지하려는 움직임에 반발하여 조직된 단체였다. 설립 취지는 과학적인 기초 위에 미국인들의 사격술을 향상시키고 총기에 대한 안전 교육을 실시하기 위한 것이었다.

NRA 본부는 버지니아 주의 페어팩스 카운티에 자리 잡고 있다. 아이러니하게도 이곳은 2007년 끔찍한 총기 참사가 발생한 버지니아 공과대학이 위치한 곳이다. NRA는 총기 제조업자, 사격 선수, 사냥꾼, 총기 소지를 지지하는 일반인 등 약 450만 명의 회원을 거느리고 있다. 주요 회원으로는 전직 대통령을 포함하여, 톰 클랜시(작가), 칼 말론(농구선수), 찰리 대니얼스(가수) 등이 활동하고 있다.

NRA 본부 건물 1층에는 협회가 운영하는 총기 박물관이 있으며, 1만 5,000제곱피트 크기의 전시장에 각종 총이 전시되어 있다. NRA는 로비를 위해 연간 1억 달러의 돈을 사용하고 있다. 의회에서 총기 규제 법안이 제출되면, NRA는 주도면밀하게 계획을 세워 대응한다. 총기 규제 법안의 실현 가능성, 위헌 문제, 총기와 범죄와의 연관 관계 등 다양한 자료를 의회와 언론에 보내고, 의원을 상대로 적극적으로 로비를 전개한다.

NRA가 많은 회원을 확보한 강력한 조직으로 발전할 수 있었던 것은 무엇보다도 미국의 건국이념과 전통적인 가치관을 대변하고 있기 때문이다. NRA는 수정헌법 제2조를 지키는 것이 미국의 자유와 민주주의를 옹호하는 것이라는 신념을 가지고 있다. NRA가 영향력을 행사하게 된 또 다른 이유는 총을 매개로 한 다양한 프로그램이 미국인들의 일상생활에 깊숙이 침투하였기 때문이었다. 세력의 저변 확대를 위해 청소년들을 상대로 사격 및 총기 안전 교육을 정기적으로 실시한다. 뿐만 아니라, 보이스카우트이나 4-H처럼 사냥이나 사격 훈련 등 스포츠 관련 행사를 주기적으로 개최하고 있다. 청소년 사냥 훈련은 43개 주에서 실시되는 프로그램이다.

NRA가 주관하는 각종 프로그램에 해마다 수십만 명이 참가하고 있으며, 훈련 요원만도 수만 명에 이르고 있다. 이들이 NRA가 로비를 펼칠 때, 유권자 운동을 전개하는 토대가 되고 있다. 워싱턴에서만 로비를 하는 것이 아니라, 풀뿌리 운동으로 회원들이 자발적으로 정치인들에게 압력을 행사하고 있다. 유권자들의 표를 의식할 수밖에 없는 정치인들은 이것이 민주주의라고 하며, 선거철만 되면 NRA의 지지를 얻기 위하여 총을 들고 다니는 액션을 취한다.

NRA는 조직 운영과 활농을 위하여 총기 제조업자와 유통업자들로부터 거두어들인 자금으로 정치적 영향력을 발휘하고 있다. 또한 미 국세청으로부터 비영리단체 조항에 의한 기부금에 대한 세금 감면 조치를 적용받고 있다. 2000년에는 그 동안 발행해 왔던 여러 간행물을 통합하여 「미국 최고의 자유 (America's 1st Freedom)」라는 공식 기관지를 발행하고 있다. 발행 부수도 60만 부에 이르고 있다.

현재 NRA를 이끄는 인물은 여류 변호사인 샌드라 프로만 이 회장이다. 그러나 미국인들은 그녀보다 영화 <벤허>의 주인공인 찰톤 헤스톤을 역대 회장 중에서 가장 유능한 회장 으로 기억하고 있다. NRA를 가장 막강한 이익단체로 만들고 총기 규제 조치에 적극적으로 대응한 사람이 바로 찰톤 헤스 톤이었다. 그는 영화에서 손에 십계명을 들고 유대 민족을 고 난으로부터 탈출시킨 모세의 역할로 강한 인상을 남겼다. 그 러나 그의 정치적인 여정은 십계명이 아닌 수정헌법 제2조에 새겨져 있다.

헤스턴은 1988년부터 2003년까지 NRA의 회장을 3차례나 역임하면서, 줄기차게 총기 소유의 정당성을 주장하며, 브래 디법이나 공격무기금지법 등 총기 규제 법안들이 채택되는 것 을 적극 저지하였다. 많은 미국인들은 1980년대와 1990년대 연이은 총기사건에도 불구하고 그의 이러한 노력으로 총기 규 제를 막아 낼 수 있었다고 믿는다. 헤스턴은 재임 기간 중에 NRA의 회원수도 400만 명으로 증가시켰다. 이것은 1978년의 3배에 달하는 숫자다. 그만큼 NRA는 헤스톤의 지도하에 빠른 성장을 해 왔다는 것이다.

2000년 대선(이때는 1999년 4월 콜럼바인 고등학교 총기 난동 사건

"총을 빼앗으려면 나를 먼저 죽이라"고 외치는 헤스톤.

직후였다) 당시 엘 고어 민주당 대통령 후보가 총기 규제 법안을 강력하게 추진하려 하였다. 그러나 헤스톤은 고어를 "고압적인 정부 갱단"이라고 부르며, 낙선 운동을 전개하였다. 당시 총기를 소유한 가정의 61퍼센트가 조지 부시에게 36퍼센트가 고어에게 표를 던진 것으로 나타났다. 2000년 대선에서 고어가 강력한 총기 규제 정책을 내걸었던 것이 공화당의 부시 후보에게 패배한 요인의 하나였다는 것이 선거 전문가들의 지적이었다.

60여 명의 사상자를 낸 미국 사상 최악의 버지니아 공과대학 참사 이후 미국 전역에서 총기 규제를 강화한다는 여론이 강하게 일어났다. 그러나 사태의 심각성을 인식한 부시 대통령조차도 "사태의 진상 파악과 희생자들의 슬픔에서 벗어날 수 있게 도와주는 것이 우선이며, 지금은 총기 규세를 논의할 시기가 아니다"라며 총기 규제에 대한 질문에 유보적인 태도를 보였다. 이런 배경에는 총기 규제에 반대하는 일반 여론과

NRA의 막강한 정치적 영향력을 무시할 수 없었기 때문이었다. 이러한 분위기를 의식하여 2004년 대선 때 민주당 후보였던 존 케리와 존 에드워드는 플래널 셔츠를 걸치고 사냥꾼 장화를 신고 사냥 여행을 떠나는 모습을 연출하기도 하였다. 또한 2008년 대선 당시 버락 오바마와 힐러리 클린턴 등 민주당 대통령 후보들도 국민의 총기 소지의 권리를 지지한다고 밝혔던 것도 이 때문이었다.

NRA나 미국 총기 소유자 협회 등의 단체들은 수정헌법 제2조를 총기 소유의 정당성을 주장하는 금과옥조로 여기고 있다. 개인이 무기를 소유할 수 있는 권리는 절대적인 기본권에 속하며, 따라서 이를 통제하려는 어떤 움직임도 허용할 수 없다는 것이다. 이들은 수정헌법 제2조가 개인의 무기 소유권을 정당화하고 있다는 사실을 널리 알리기 위하여 수필 경연대회를 개최하고 편지 쓰기 캠페인을 벌이거나, 연방의회나 주 입법자들에 대한 로비 활동과 총기 규제 법안에 대한 법정투쟁을 준비하는 등 다양한 노력을 전개하고 있다.

총기 규제를 둘러싼 찬반 논쟁

총기를 가질 권리냐, 총기 규제냐? 미국 정치에서 총기 문제는 낙태나 사형 제도와 함께 정치 현안 중에서도 해결하기 힘든 이슈의 하나로 부각되고 있다. 특히 총기 규제는 대통령 선거 때마다 뜨거운 쟁점으로 떠오르고 있어, 백악관에 입성하려면 이에 대한 자신의 입장과 철학을 반드시 밝혀야 한다. 민주당은 전통적으로 총기를 규제하자는 입장이고, 공화당은 총기 소유를 지지하는 입장이다.

미국은 이미 지난 세기 초부터 총기 규제 법안을 놓고 총기 옹호론자와 규제론자 간의 싸움을 벌여 오고 있다. 논쟁의 핵심은 두 가지로 요약될 수 있다. 하나는 개인이 자신의 재산과 생명을 보호하기 위하여 총기를 소유할 수 있는 권리가 정당화될 수 있는가? 다른 하나는 정부가 사회질서를 유지하고 범죄를 막기 위하여 개인의 총기 소유를 규제할 수 있는 권한이 있는가? 하는 것이다.

대형 총기 사건이 발생한 직후에는 그동안 계속하여 문제가 되어 왔던 총기 규제 문제가 다시 도마 위에 오른다. 실제로 버지니아 공과대학 총기 사건에 대한 진상 조사가 진행되면서 총기 소유를 둘러싼 허점이 드러남에 따라 미국의 법과 제도를 근본적으로 고쳐야 한다는 목소리가 전국적으로 확산되었다. 그러나 미국인의 총기 소지의 권리는 미국의 역사라고 할 만큼 뿌리가 깊고 NRA의 영향력이 막강하기 때문에 실제로 개인의 총기 소유를 허용한 수정헌법을 개정하기는 말처럼 쉽지가 않다.

총기 옹호론자들은 자신을 스스로 방어할 권리는 독립선언서에서 밝힌 생명, 자유, 행복이라는 자연권의 일부이며, 따라서 총기 소유는 이러한 자연권을 보호할 수 있는 수단이 된다고 주장한다. 역사적으로 미국인들은 자신을 스스로 방어해

왔으며, 서부개척지에서 총기는 인디언, 도둑, 약탈자, 야생동물로부터의 공격을 물리치기 위한 필수 도구였다. 현대의 도시 생활에서 범죄가 큰 위험이 되고 있으며, 따라서 강도, 강간, 폭행 등으로부터 자신을 보호할 수 있어야 한다는 논리이다. 이들은 총이 사람을 죽이는 것이 아니라, 사람이 사람을 죽인다고 주장한다. 총기를 규제한다면 오히려 선량한 사람들만 범죄자들로부터 폭행, 강도, 강간, 살인을 당할 수 있는 확률이 높다고 주장한다.

반면, 총기를 엄격히 통제해야 한다고 주장하는 사람들은 높은 범죄율과 총기에 의한 수많은 사상자들에 대하여 언급한다. 이들 총기 규제론자들은 대부분의 살상이 총으로 이루어지기 때문에 총기 구입이나 소유를 까다롭게 만들거나 아예 일반인들에게 총을 구입할 수 없도록 한다면, 총기 난동, 살인 그리고 자살이 현저히 줄어들 것이라고 주장한다.

총기 소지를 지지하는 사람들은 총은 부엌의 식칼과 같다는 논리를 편다. 음식을 만드는 데 가장 필요한 도구가 칼이다. 가정주부의 손에 칼은 맛있는 음식을 만드는 도구가 되지만, 강도에 손에 들면 사람을 해치는 흉기로 변한다는 것이다. 그렇다고 그 누구도 식칼을 없애자고 말하는 사람이 없다. NRA는 총기 소유의 당위성을 이런 논리로 전개하면서 총기 규제 법안이 채택되는 것을 적극 저지해 왔다.

이에 대해 총기 규제를 주장하는 단체는 총이 식칼과 같다는 논리가 맞는다면, 총으로 음식을 만들 수 있어야 하는데 총으로 음식을 해 먹을 수는 없는 일이라며 NRA의 논리에 반박한다. 그렇다면 총기 소유의 당위성을 주장하는 NRA와 총기 규제를 주장하는 단체들 중 어느 편이 더 설득력이 있는가?

총기 살해 사건이 일상화된 곳이 미국이기도 하지만, 총기를 소유함으로써 자기방어를 하는 사회적 심리가 팽배한 곳도 미국이다. 따라서 미국 내 총기 규제가 가능할지와 그것이 해답이 될 수 있는지에 대해서는 의문이 남는다. 세계 최대 무기 수출국이며 군산 복합체의 전형인 미국, 사회 구조적으로도 공공성보다는 개인의 사적 재산의 가치를 우위에 두고 있는 국가에서 총기 규제가 과연 성공할 수 있느냐는 것이다.

미국에서 총기 규제가 어려운 이유

1920년부터 13년간 금주법까지 실시하였던 미국이지만 총기 규제만은 이토록 어려운 이유는 무엇인가? 물론 총기 규제를 반대하는 국민여론과 NRA의 적극적인 로비, 그리고 자신들의 정치적 입지를 곤란하게 만드는 총기 문제에 개입하기를 싫어하는 정치인들의 태도가 작용한 때문이다. 민주당은 전통적으로 총기 규제에 찬성하는 입장이었다. 그러나 개혁 성향의 민주당조차도 지금과 같은 정치 현실에서 뜨거운 감자인 총기 문제를 거론하는 것 자체를 꺼리게 되었다.

총기 규제가 이처럼 어려운 이유는 무엇보다도 미국의 건국이념으로 국민의 무장할 권리가 수정헌법 제2조에 명문화되어 있기 때문이다. 수정헌법에 있어 가장 중요한 것은 제1조의 종교와 표현의 자유, 그리고 제2조의 무장할 수 있는 권리이다. 이런 권리들은 미국인들에게 신성불가침의 기본권으로 인식되고 있다. 총기 소유와 휴대에 제한을 가하기 위해서는 헌법 조항을 개정해야 하는데, 이것은 거의 불가능해 외국에서 생각하는 것처럼 총기 규제가 쉽지가 않다.

물론 민주국가에서 다수의 국민이 원하면 헌법을 고치는 것이 불가능하지는 않다. 그러나 문제는 콜럼바인 고등학교 참사와 버지니아 공대 총기 난동 사건에도 불구하고 미국인 대다수가 총기 규제를 원하지 않는다는 것이다. 전체 미국인 중 60퍼센트가 놀랍게도 지금보다 더 엄격한 총기 규제를 원치 않는 것으로 나타났다. 엄격한 규제를 원하는 사람은 40퍼센트에 불과하였다. 이것은 아직도 총기 규제에 대한 국민적 여론의 공감대가 형성되지 않았음을 의미한다. 수정헌법이 채택된 지 200년이 지난 지금에도 많은 미국인은 '나와 가족의 생명을 지키는 것은 경찰이 아니라, 내가 소유한 총'이라는 자기방어의 철학을 신봉한다. 다시 말하면, 미국에서는 총기 소유가 곧 시민의 권리라는 인식이 뿌리 깊게 형성된 것이다.

미국의 정치 시스템 역시 총기 규제를 어렵게 하고 있다. 미국은 로비 단체가 합법화된 국가이다. 미국은 위로는 대통령에서 밑으로는 각 지방의 시장과 판사에 이르기까지 선거를 통하여 공직자를 뽑아 국가를 운영·관리하고 있다. 그러나 이런 정치 시스템의 이면에서 이권 단체의 영향력이 매우 강하다. 일본이 제2차 세계대전 때 위안부를 강제 동원하고도 그런 일이 없었다고 터무니없는 주장을 펴는 것도 알고 보면 이권 단체를 동원한 로비를 벌이고 있기 때문이었다.

총기 난사 사건은 총기 소유와 직결된 단순한 문제라기보다는 미국이라는 국가가 주도하고 있는 전쟁과 패권 질서, 그리고 미국식 자본주의의 사회구조에서 더 큰 원인을 찾을 수 있을 것이다. 사용하는 언어와 피부색에 의해 개인과 집단을 차별하거나, 빈부의 차이에서 사회·경제적 불평등이 총기 사고와 범죄를 더욱 불러일으키는 요인이 되는 것이다. 아이러니한 것은 그동안 세계 여러 분쟁 지역에서 보여준 힘의 논리와 경찰들의 인종차별적인 폭력 행위가 엄연히 존재하는 미국에서 개인에게도 무장할 수 있는 권리를 준다는 것이다. 다시 말해 무장한 국가가 무장한 개인을 허용하는 것이다. 이것은 단순히 국민을 무장시키는 것뿐만 아니라, 무장한 개인이 범죄를 저지르도록 부추기는 것이 아닌가?

또한 캠퍼스에서 흔히 벌어지는 총기 사건과 폭력 범죄는 단순히 개인의 행위이기보다는 개인이 속한 사회적 환경에 더 큰 원인이 있다고 볼 수 있다. 학생에게 제도권 교육은 승자와 패자, 능력의 우열을 구분하며 경쟁적인 분위기에서 살아남기를 강요하고 있다. 사립학교의 경우 운영과 관련된 부패 문제가 공공연하게 드러남에도 불구하고, 권위주의적인 질서와 규칙에 따르지 않는 학생들을 대상으로 자의적으로 판단하고 규제와 처벌을 통해 학생들을 길들이려 하는 것도 문제이다. 물론 이것은 미국에서만의 교육 현실은 아니다. 그러나 미국 학교 내에서 나타는 폭력의 극단적인 형태는 그 사회가 허용하는 폭력의 수위를 말해 준다는 점에서 그 의미를 이해할 수 있을 것이다.

NRA의 로비와 영향력과 함께 총기 규제를 가로막는 또 다른 요인은 총기를 생산하고 판매하는 기업이다. 미국에서 개인이 소장하고 있는 총기의 수는 국민 1인당 1정씩에 가까운 2억 7,000만 정이 넘는다. 그저 신용카드나 신분증만 있으면 총기를 합법적으로 구입하는 데 아무런 문제가 없다. 영화 <볼링 포 콜럼바인>에서 보듯이 범인이 K-마트에서 총을 샀다지 않는가? 그만큼 총기 시장이 크고 보편화되어 있다. 총기 규제는 이들 기업의 몰락을 의미하게 된다.

NRA를 비롯한 총기 소지 옹호 단체와 정치인들과의 유착 관계는 한계를 뛰어 넘어 '총기 정치학'이란 용어가 있을 정도로 밀접하다. 정치인들은 이미 광범위한 대중성을 확보하고 있는 총기 지지 단체들의 눈치를 보며, 그들의 막강한 로비를 받아들여 총기 회사에 이익을 대변하고 있는 실정이다. 정치인과 총기 이익단체의 유착 내지는 공생관계를 차단하지 않고서는 총기 문제를 실질적으로 해결할 수 없는 것이 미국의 현실인 것이다.

에필로그

　미국에서 총기 문화가 합법적으로 뿌리를 내리게 된 가장 중요한 요인은 무엇보다도 수정헌법 제2조에 총기를 소유하고 휴대할 수 있는 국민적 권리가 명시되었기 때문이었다. 건국의 아버지들은 개인의 무기 소유권이 전제 정부의 폭정과 상비군의 횡포로부터 미국의 자유를 수호할 수 있는 안전한 장치이며, 동시에 외부의 위협으로부터 자기 보호와 방어를 위한 수단으로 확신하였다.

　2세기가 지난 오늘날에도 많은 미국인들은 총기 소유는 침해할 수 없는 기본권이며, '나와 가족의 생명을 지키는 것은 경찰이 아니라, 내가 소유한 총'이라는 자기방어의 철학을 신봉하고 있다. 이런 사실은 의회나 정부 차원에서 개인의 총기 소유를 금지하는 것은 위헌이라는 2008년 6월 연방 대법원 판례에서도 확인되고 있다. 빈번히 발생하는 충격적인 총기 사건과 사고에도 불구하고, 총기 규제를 위한 '원-포인트' 개혁이 이루어지지 못하는 이유가 바로 여기에 있다.

수정헌법 제2조의 채택으로 총기 소유의 합법성이 보장되었지만, 총기 소유는 신대륙 정착 초기부터 사실상 하나의 관습으로 용인된 제도였다. 식민지 정착민들은 영국의 관습법에 따라 제약 없이 총기를 소유할 수 있었다. 총은 외부의 적으로부터 자신과 가족의 생명과 재산을 지키는 무기였으며, 육류 공급을 위한 사냥이나 여가를 위한 사격의 도구였다. 국민의 자발적인 무장으로 조직된 민병대는 영국에 대항하여 미국의 독립과 자유를 쟁취하였으며, 서부개척자들은 장총을 허리에 차고 황야를 개척하였다.

서부개척 시대의 여행 기록이나 서신, 회고록이나 자서전 등을 통해 확인할 수 있듯이, 건국 초기부터 19세기 중엽에 이르는 기간에 총기는 프런티어 전 지역에 널리 보급되었다. 프런티어는 척박한 자연환경, 야생동물이나 인디언의 습격, 그리고 법과 질서가 확립되지 않은 곳인 까닭에 총은 생존을 위한 필수적인 도구였던 것이다. 총은 더 나아가 무질서한 프런티어에서 범죄를 막고 법을 집행하기 위한 수단이 되었던 것이다.

이러한 총기 문화를 국민적 정서로 확산시키는 데는 미국의 문학과 영화 등 대중 매체가 중요한 역할을 하였다. 서부개척 시대의 낭만과 모험을 그린 대중문학이나 총이나 폭력을 소재로 한 영화들은 총기에 대한 미국인의 가치관을 형성하게 하였다. 이러한 작품들은 전 세계 사람들에게 자연스럽게 미국을 카우보이의 나라이며, 총에서 뿜어 대는 힘과 정의가 미국의 이미지라는 인상을 갖게 만들었다. 오늘날 미국인들의 총기 소유에 집착적인 관념은 미국의 오랜 역사적 배경과 함께 대중 매체의 확산으로 인한 국민적 정서와 공감대가 만들어낸 결과이다. 다시 말하면 총기 문화는 미국의 독특한 지리 환경과 역사발전 과정에서 사회·문화적인 풍습의 한 형태로 발전되어 미국적 생활양식과 가치관으로 형성된 것이다.

미국은 1898년 미서전쟁을 계기로 서부 프런티어의 경계를 넘어 해외 팽창을 시도하였고, 그 결과 괌, 푸에르토리코, 하와이, 필리핀 등 식민지 국가를 건설하여 서구 열강으로 등장하게 되었다. 20세기에 들어서는 제1차 세계대전과 제2차 세계대전을 통해 막강한 군사력을 바탕으로 세계 최강국으로 등장하게 되었다. 이 과정에서 미국인들은 총기는 생명이며 힘이라는 것을 체득하였고, 이러한 생각이 미국의 총기 산업을 흥하게 하였으며, 결국 오늘날 미국이 군사 대국으로 성장하게 된 기반이 되었다. 이런 역사 발전 과정에서 미국인들에게 총은 국가 건설의 원동력이 되었을 뿐만 아니라, 미국적인 정서와 가치관을 형성하게 하였다. 총은 독립과 자유, 애국심의 상징이며, 더 나아가 힘과 남성다움을 표출하는 강대국 미국의 상징으로 인식되었던 것이다.

이러한 '와일드 웨스트'로부터 각인된 터프한 남성적 이미지는 아직도 미국인의 정서로 남아있다. 그 대표적인 예가 부시 대통령이 이라크와 북한을 '악의 축'으로 언급한 것이나, 9·11 테러 직후 "빈 라덴을 죽이든지, 아니면 사로잡아야 할 것"이라고 단호하게 언급한 대목에서도 찾아 볼 수 있다. 영화 <벤허>의 주연 배우이며 NRA의 회장을 역임하였던 찰톤 헤스톤의 말에서도 미국인들의 총기에 대한 강한 신념을 읽을 수 있다.

미국은 자신과 자신의 가정을 지키기 위해 총을 드는 용기로 건설된 나라이다. 난 죽어도 총을 포기 못한다. 이것은 이 나라를 건설한 현명한 백인 조상들이 물려준 권리이다. 난 장전을 선택했어.[71]

주

1) Philip J. Cook and Jens Ludwig, *Evaluation Gun Policy: Effects on Crime and Violence*, Brookings Institution Press, 2003, pp.3~4.

2) 「Newsweek」 September 20, 1999, p.24.

3) Richard Hofstadter, "America as a Gun Culture," 「American Heritage Magazine」 October, 1970.

4) Margaret Marion Spector, *The American Development of the British Government, 1768~1782*, Columbia University Press, 1940, pp.74~95.

5) Stephen P. Halbrook, *That Every Man Be Armed*, p.59.

6) Ibid., p.62.

7) James Curtish Ballagh, ed., *The Letters of Richard Henry Lee*, 2 vols., 1911, pp.130~131.

8) Lyman H. Butterfield and Hilda B. Zobel, eds., *Legal Papers of John Adams*, Harvard University, 1965, p.248.

9) Ibid., p.61.

10) 한국미국사학회 역음, 『사료로 읽는 미국사』, 궁리출판사, 2006, 65~66쪽.

11) Thomas Paine, ed. by M. Conway, Writings, III, 1896, p.56.

12) James Madison, *The Federalist*, No. 46, 1992, p.245.

13) Jonathan Elliot, *The Debates in the Several State Conventions on the Adoption of the Federal Constitution*, 1836~1845, pp.425~427

14) Leonard W. Levy and Dennis J. Mahoney, *Encyclopedia of the American Constitution*, 1986. (이 저서에 실린 36편의 논문에 대하여 Wayne R. LaPierre, *Guns, Crime, and Freedom*, PERSEUS DIST-CDS, 1994, pp.237~240 참조.)

15) Alshil Amar, "The Bill of Rights As a Constitution," 「Yale Law Journal」 100, 1991, p.1131, p.1166.

16) "Debates and other Proceedings of the Convention of Virginia", convened at Richmond, on the 2nd day of June 1788.

17) Lyman H. Butterfield, *Legal Papers of John Adams*, p.248.

18) Daniel J. Boorstine, *The Americans: The Colonial Experience*, Vintage Books, 1958, p.353.

19) Wesley Frank Craven, *The Colonies in Transition, 1660~1713*, 1968, pp.30~31.

20) William C. Davis, *A Way Through the Wilderness: The Natchez Trace and the Civilization of the Southern Frontier*, 1995, p.88.

21) Harold L. Peterson, "The Military Equipment of the Plymouth and Bay Colonies, 1620~1890," 「The New England Quarterly」 20, 1947, p.197.

22) John M. Dederer, *War in America to 1775: Before Yankee Doodle*, 1990, p.116, p.251.

23) Richard Slotkin, *Regeneration Through Violence: The Mythology of the American Frontier, 1600~1860*, 1973.

24) Robert J. Spitzer, *The Politics of Gun Control*, 1995, chapter 1.

25) "A Look Inside America's gun culture," ABC News Online (April 17, 2007.)

26) Philip Gosse, *Letters from Alabama*, 1859, pp.130~131.

27) Alexis de Tocqueville, trans. by George Lawrence, *Journey to America*, 1960, p.103.

28) Ibid., p.95.

29) Ibid., p.281.

30) Henry Rowe Schoolcraft, intro. by Milton D. Rafferty, *Rude Pursuits and Rugged Peaks: Schoolcraft's Ozark Journey 1818~1819*, 1996, p.74.

31) Ibid., p.63.

32) Charles Augustus Murray, *Travels in North America*, 1974, pp.118~119.

33) Fortescue Cuming, *Sketches of a Tour to the Western Country Through the States of Ohio and Kentucky: A Voyage Down the Ohio and Mississippi Rivers*, 1810, p.30, p.42, p.113, p.118, p.135.

34) Ibid., p.156.

35) Ibid., p.30.

36) Ibid., p.54.

37) Elias Pim Fordham, ed., Frederic Austin Ogg, *Personal Narrative: Travels in Virginia, Maryland, Pennsylvania, Ohio, Indiana, Kentucky, and of a Residence in the Illinois Territory: 1817~1818*, 1906, pp.60~61.

38) Ibid., p.155.

39) Ibid., p.109.

40) Ibid., pp.125~126.

41) Ibid., p.147.

42) As quoted in Walter L. Robbins, "Christmas Shooting Rounds in America and Their Background," 「Journal of American Folklore」, 1973, pp.48~52.

43) Shirley S. McCord, ed., *Travel Accounts of Indiana, 1679~1916*, 1970, p.183.

44) Ibid., pp.223~225.

45) Ibid., p.237.

46) Ole Rynning, ed., *Ole Rynning's True Account of America*, 1971, p.99.

47) Peter Cartwright, ed. by W. P. Strickland, *Autobiography of Peter Cartwright The Blakwoods Preacher*, p.200.

48) Ibid., p.201, p.206.

49) 이미 정착지가 형성된 동부의 도시 지역에서도 총기 소유는 드문 일이 아니었다. 뉴욕 맨해튼에서는 이미 1830년대 상업용 사격 연습장이 생겨났을 정도로 총기는 널리 보급되었다.

50) Bellesiles, "The Origins of Gun Culture in the United States, 1760~1865", p.83.

51) Arcadi Gluckman, *Identifying Old U.S. Muskets, Rifles, and Carbines*, pp.49~50, p.79.

52) Charles M. Dollar ed., *America: Changing Times*, Wiley, 1982, p.240.

53) 「New York Times」 June 28, 1992.

54) James E. Serven, *Colt Firearms, 1836~1954*, 1954, pp.99~159.

55) Ibid., pp.378~379.

56) J. T. Headley, *The Great Riots of New York, 1712~1863*, 1873.

57) Eric H. Monkkomen, "New York City Homicides," 「Social Science History」 19, 1995, pp.201~212.

58) L. Sprague de Camp, *The Heroic Age of American Invention*, 1961, p.60.

59) 「New York Times」 March 26, 1879, p.4.

60) http://www.kirjasto.sci.fi/jfcooper.html

61) Randy F. Nelson, *The Almanac of American Letters*, 1981, p.287.

62) http://en.wikipedia.org/wiki/Owen_Wister

63) http://cakel.tistory.com/entry/annie-Oakley

64) http://www.filmsite.org/westernfilms.html

65) Tim Dirks, 1996~2007, http://www.filmsite.org/crimefilms.html

66) "Hollywood as History: The New Hollywood," Digital History.

67) "Report Urges FCC to Regulate TV Violence," 「The Washington Post」 February 16, 2007.

68) 「조선일보」 2000.4.26.

69) District of Columbus, et al., Petitions V. Dick Anthony Heller, 554 U.S.(2008)

70) 「조선일보」 2008.6.28.

71) http://mulpi.mgoon.com/gppuck09/v

프랑스엔 〈크세주〉, 일본엔 〈이와나미 문고〉, 한국에는 〈살림지식총서〉가 있습니다.

📖 전자책 | 🔍 큰글자 | 🔊 오디오북

미국의 총기 문화

펴낸날	초판 1쇄 2009년 3월 25일
	초판 3쇄 2021년 11월 10일

지은이	손영호
펴낸이	심만수
펴낸곳	(주)살림출판사
출판등록	1989년 11월 1일 제9-210호

주소	경기도 파주시 광인사길 30
전화	031-955-1350 팩스 031-624-1356
홈페이지	http://www.sallimbooks.com
이메일	book@sallimbooks.com

ISBN	978-89-522-1111-8 04080
	978-89-522-0096-9 04080(세트)

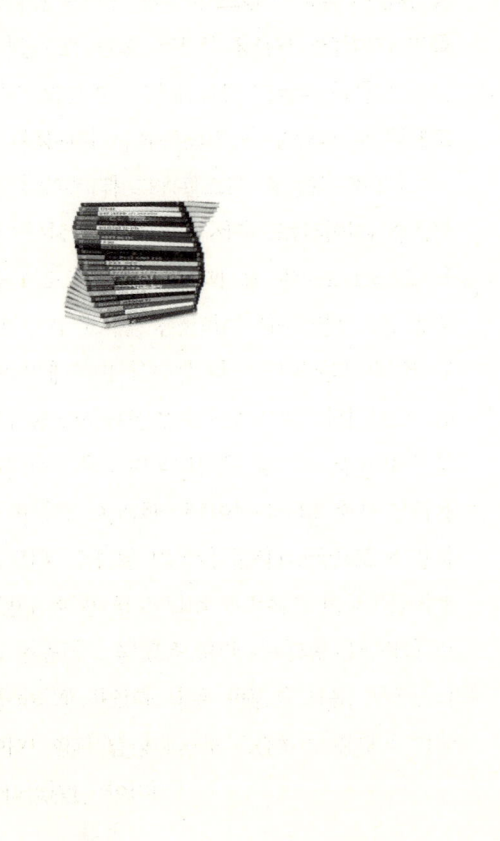

089 커피 이야기

eBook

김성윤(조선일보 기자)

커피는 일상을 영위하는 데 꼭 필요한 현대인의 생필품이 되어 버렸다. 중독성 있는 향, 마실수록 감미로운 쓴맛, 각성효과, 마음의 평화까지 제공하는 커피. 이 책에서 저자는 커피의 발견에 얽힌 이야기를 통해 그 기원을 설명한다. 커피의 문화사뿐만 아니라 커피에 대한 일반적인 정보 및 오해에 대해서도 쉽고 재미있게 소개한다.

021 색채의 상징, 색채의 심리

박영수(테마역사문화연구원 원장)

색채의 상징을 과학적으로 설명한 책. 색채의 이면에 숨어 있는 과학적 원리를 깨우쳐 주고 색채가 인간의 심리에 어떤 작용을 하는지를 여러 가지 분야의 사례를 통해 설명한다. 저자는 색에는 나름대로의 독특한 상징이 숨어 있으며, 성격에 따라 선호하는 색채도 다르다고 말한다.

001 미국의 좌파와 우파

eBook

이주영(건국대 사학과 명예교수)

진보와 보수 세력의 변천사를 통해 미국의 정치와 사회 그리고 문화가 어떻게 형성되고 변해왔는지를 추적한 책. 건국 초기의 자유방임주의가 경제위기의 상황에서 진보-좌파 세력의 득세로 이어진 과정, 민주당과 공화당의 대립과 갈등, '제2의 미국혁명'으로 일컬어지는 극우파의 성장 배경 등이 자연스럽게 서술된다.

002 미국의 정체성 10가지 코드로 미국을 말하다

eBook

김형인(한국외대 연구교수)

개인주의, 자유의 예찬, 평등주의, 법치주의, 다문화주의, 청교도 정신, 개척 정신, 실용주의, 과학 · 기술에 대한 신뢰, 미래지향성과 직설적 표현 등 10가지 코드를 통해 미국인의 정체성과 신념을 추적한 책. 미국인의 가치관과 정신이 어떠한 과정을 통해서 형성되고 변천되어 왔는지를 보여 준다.

058 중국의 문화코드

강진석(한국외대 연구교수)

중국의 핵심적인 문화코드를 통해 중국인의 과거와 현재, 문명의 형성 배경과 다양한 문화 양상을 조명한 책. 이 책은 중국인의 대표적인 기질이 어떠한 역사적 맥락에서 형성되었는지 주목한다. 또한, 구체적이고 실제적인 여러 사물과 사례를 중심으로 중국인의 사유방식에 대해 설명해 주고 있다.

057 중국의 정체성   eBook

강준영(한국외대 중국어과 교수)

중국, 중국인을 우리는 과연 어떻게 이해해야 하나? 우리 겨레의 역사와 직 · 간접적으로 끊임없이 영향을 주고받은 중국, 그러면서도 아직까지 그들의 속내를 자신 있게 말할 수 없는, 한편으로는 신비스럽고, 한편으로는 종잡을 수 없는 중국인에 대한 정체성을 명쾌하게 정리한 책.

015 오리엔탈리즘의 역사   eBook

정진농(부산대 영문과 교수)

동양인에 대한 서양인의 오만한 사고와 의식에 준엄한 항의를 했던 에드워드 사이드의 오리엔탈리즘. 이 책은 에드워드 사이드의 이론 해설에 머무르지 않고 진정한 오리엔탈리즘의 출발점과 그 과정, 그리고 현재와 미래의 조망까지 아우른다. 또한 오리엔탈리즘이 사이드가 발굴해 낸 새로운 개념이 결코 아님을 역설한다.

186 일본의 정체성   eBook

김필동(세명대 일어일문학과 교수)

일본인의 의식세계와 오늘의 일본을 만든 정신과 문화 등을 소개한 책. 일본인을 지배하는 이데올로기는 무엇이고 어떤 특징을 가지는지, 일본을 주목해야 하는 이유는 무엇인지 등이 서술된다. 일본인 행동양식의 특징과 토착적인 사상, 일본사회의 문화적 전통의 실체에 대한 분석을 통해 일본의 정체성을 체계적으로 살펴보고 있다.

사회 · 문화

261 노블레스 오블리주 세상을 비추는 기부의 역사

예종석(한양대 경영학과 교수)

프랑스어로 '높은 사회적 신분에 상응하는 도덕적 의무'를 뜻하는 노블레스 오블리주. 고대 그리스부터 현대까지 이어지고 있는 노블레스 오블리주의 역사 및 미국과 우리나라의 기부 문화를 살펴보고, 새로운 시대정신으로 노블레스 오블리주를 부활시킬 수 있는 가능성을 모색해 본다.

396 치명적인 금융위기, 왜 유독 대한민국인가 **eBook**

오형규(한국경제신문 논설위원)

이 책은 전 세계적인 금융 리스크의 증가 현상을 살펴보는 동시에 유달리 위기에 취약한 대한민국 경제의 문제를 진단한다. 금융안정망 구축 방안과 같은 실용적인 경제정책에서부터 개개인이 기억해야 할 대비법까지 제시해 주는 이 책을 통해 현대사회의 뉴 노멀이 되어 버린 금융위기에서 살아남는 방법을 확인해 보자.

400 불안사회 대한민국, 복지가 해답인가 **eBook**

신광영 (중앙대 사회학과 교수)

대한민국 사회의 미래를 위해서 복지는 선택이 아니라 필수라고 말하는 책. 이를 위해 경제 위기, 사회해체, 저출산 고령화, 공동체 붕괴 등 불안사회 대한민국이 안고 있는 수많은 리스크를 진단한다. 저자는 사회적 위험에 대응하기 위한 복지 제도야말로 국민 모두의 삶의 질을 높일 수 있는 길이라는 것을 역설한다.

380 기후변화 이야기 **eBook**

이유진(녹색연합 기후에너지 정책위원)

이 책은 기후변화라는 위기의 시대를 살면서 우리가 알아야 할 기본지식을 소개한다. 저자는 기후변화와 관련된 핵심 쟁점들을 모두 정리하는 동시에 우리가 행동해야 할 실천적인 대안을 제시한다. 이를 통해 독자들은 기후변화 시대를 사는 우리가 무엇을 해야 할 것인지에 대하여 생각해 볼 수 있을 것이다.

사회 · 문화

eBook 표시가 되어있는 도서는 전자책으로 구매가 가능합니다.

(주)살림출판사
www.sallimbooks.com
주소 경기도 파주시 문발동 522-1 전화 031-955-1350 팩스 031-955-1355